DICHTERWETTSTREIT *deluxe*

Über Emm Weyrauch

Emm Weyrauch ist 1989 in diese Welt hervorgetreten und seit 2014 auf verschiedensten Bühnenformaten unterwegs. Emm verdingt sich als freischaffende Dichterperson, mit Workshops, Shows, Auftragstexten und gereimten Speisekarten. Veröffentlicht ist Emm in mehreren Anthologien des Satyr-Verlags, bei Dichterwettstreit deluxe und weiteren kleinen Projekten.

Emm studierte Mathematik und Philosophie, was in dey, neben einer bizarren Vorliebe für die Zahl Pi, den Wunsch hinterlassen hat, Menschen durch Kunst auch wissenschaftliche Inhalte näher zu bringen. Daher ist Emm auch im Science Slam aktiv.

Mehr unter: @weyrauch1337 auf Instagram

Emm Weyrauch

GEDANKEN *galerie*

WIE AUS WORTEN WUNDER WERDEN

DICHTERWETTSTREIT *deluxe*

Widmung

Dieses Buch ist für alle.
Speziell für: Silke, Conny, Paul, Anna, Marwol,
Sam, Ole, Johanna, Juke, Papa und Mama.
Dank geht auch an David Börner für ein Cover,
was mich jedes Mal zum Lächeln bringt.
Danke auch allen anderen, die geholfen haben,
dass dieses Buch Wirklichkeit wird.

3. Auflage 2026
© 2024 Dichterwettstreit deluxe
Villingen-Schwenningen/Tübingen
www.dichterwettstreit-deluxe.de/impressum

Satz & Lektorat: Elias Raatz
Design: T-Sign Werbeagentur
Illustration des Covers: David Böhner
Foto Emm Weyrauch: Yasmin Abbas
Druck: BOD GmbH, Norderstedt

ISBN: 978-3-98809-013-3
ISBN E-Book: 978-3-98809-014-0

www.dichterwettstreit-deluxe.de

Inhalt

Vorwort: Meine Gedankengalerie

Seid gegrüßt, jene, die ihr hier lest!

Ich bin Emm Weyrauch und ihr habt soeben die ersten Schritte in meine Gedankengalerie gemacht. Sicher wird in dem ein oder anderen Oberstübchen die Frage aufploppen: „Ist das hier nicht ein Buch und keine Galerie?"

Exzellent aufgepasst! Ja, das hier ist ein Buch, aber in meiner Funktion als Bühnenmensch versuche ich, euch in diesem Schriftstück einen kleinen Rundgang in meinen Gedanken zu gewähren, denn in den Jahren, seit ich 2014 auf Bühnen getreten bin, hat sich einiges getan.

Dies hier ist also ein Buch, eine Textsammlung, und der Versuch, euch noch ein klein wenig mehr zu geben als nur das. Zwischen all den Texten gehen wir gemeinsam auf eine Führung durch mein Gehirn. Metaphorisch! Also bitte nicht versuchen, durch die Ohren anderer in ihr Gehirn zu schlüpfen, das gelingt am sichersten mit Worten und Musik.

Als jemand, der viel auf verschiedensten Bühnen unterwegs war, möchte ich, dass dieses Buch euch auch Eindrücke in die Welt der performativen Literatur gibt und das braucht eben ein wenig mehr als das bloße Niederschreiben der Worte. Dieses Werk versucht also eine Brücke zu schlagen zwischen Zeilen, die für die Bühne gedacht sind, und deren Konservierung für euch, meine lieben Lesenden.

Wir werden uns gleich auf den nächsten Seiten aufmachen, die Gespinste meines Verstandes zu erkunden. Manche sind gereimt, manche nicht, manche sind zum Schmunzeln, manche ein wenig zum Weinen, manche zum Nachdenken und bei ein paar fragt man sich, wie ein Mensch überhaupt auf solche Gedanken kommt.
Ich werde euch natürlich nicht durch diese wortgewordene Kaskade von Ideen ohne eine Begleitung schreiten lassen. Zwischen allen Texten werdet ihr in den fähigen Händen von Mara sein!

Wer ist Mara?
Sie ist euer Tourguide durch diese Gedankengalerie. Keine Sorge, ich kenne Mara schon sehr lange und sie findet sich in diesen neuronalen Katakomben wahrscheinlich sogar besser zurecht als ich selbst. Ihr seid also sicher auf eurer Entdeckungsreise, meine lieben Lesenden.

Ich wünsche euch also eine aufregende, spannende, gefühlvolle und sicher auch seltsame Zeit beim Lesen durch meine ganz persönliche, private und nicht immer ordentliche Gedankengalerie. Viel Vergnügen.

Emm Weyrauch, 2024

Maras Führung: Der Einstieg

Hallo. Ihr seid also die Waghalsigen für heute? Hier beginnt die Besichtigung von Emms „Gedankengalerie". Mein Name ist Mara und ich bin auf eine gewisse Weise genau das, was ihr euch gerade anschauen wollt: eine Manifestation von Fantasien, Spielereien und Gegrübel.

Allerdings darf ich euch ein wenig Kontext zu dieser Ausstellung liefern, demnach bin ich der Teil von Emms Kopfkino, welcher arbeiten muss, diese Schnieptröte! Ich wäre auch gerne einfach nur ein Text, der für sich selbst stehen darf, stattdessen muss ich überleiten, erläutern und dabei auch noch ständig die vierte Wand dieser Geschwafelsammlung durchbrechen. Das ist anstrengend! So stehe ich nun hier geschrieben, ich arme Törin. Ich weiß nicht, woher, aber zumindest wohin, nämlich zum ersten Stück in unserer Gedankengalerie.

Treten Sie näher, scheuen Sie sich nicht und lassen Sie ihre Augen sich an diesem ersten Gedicht austoben. Es ist wohl das älteste Textlein, was wir uns beim Rundgang zu Gemüte führen dürfen und wohl auch die Manifestierung des Wunsches, dass es in unserer Welt jene geben soll, welche anderen unter die Arme greifen, sich vor sie stellen, wenn man hinfällt, und als Beispiel für andere gelten. Der Text ist ein Wunsch nach echtem Heldentum.

Helden

Ein Rascheln auf der Nächte Wind,
Mit einem Mal und ganz geschwind
Liegt ein Ganove auf dem Boden.
Dieser Schlag kam von weit oben.
Batman hat ihn kalt erwischt,
Der ganz rasch die Lichter lischt.
Er hält ihn auf auch mit Gewalt,
Doch vor dem Töten macht er Halt.
Bei jedem Schlag ein Zack und Bumm,
Da blättert ein Bub die Seiten um
Von seinem buntem Comic-Buch,
Bedeckt von seines Bettes Tuch.
Mit einer kleinen Taschenleuchte,
Die er auch nicht bräuchte,
Wenn er nicht jung und unerfahren.
Mit seinen elfeinhalb Jahren
Darf er noch nicht lange lesen,
Von Batman und den bösen Wesen,
Die er immer rasch besiegt,
Wenn der Junge brav im Bette liegt.
Oder es zumindest sollte,
Was er aber selten wollte.

Für andere mit Schurken streiten,
Dem Guten einen Weg bereiten,
Anderen helfen und ein cooler Umhang,
Das ist es, was im ganzen Umfang,
Den Jungen an die Geschichte bindet,

Wobei er sich so mitfiebernd windet.
Manchmal vor Angst und Euphorie,
Doch er weiß, Helden sterben nie.
Und seiner wird immer weiter machen,
Bringt die Bösen zum Weinen die Guten zum Lachen.
Er hält das Heft in seinen Armen,
Doch da steht im Türenrahmen
Seine Mutter und rügt leise,
Aber auf eine sehr sanfte Weise.
Sie weiß, sie sollte ihn bestrafen,
Doch schickt sie ihn nur zum Schlafen,
Lächelt ihn an und löscht das Licht,
Und spricht: „Du weißt, solche Helden gibt es nicht."

Wenn Helden halten, was sie versprechen,
Wenn sie, obwohl ihre Knochen brechen,
Immer für uns weiterkämpfen
Und den Lärm des Bösen dämpfen,
Dann kann das Leben weiter fließen,
Und wir können es genießen,
Spüren, wie es ist, wenn man liebt,
Solange es echte Helden gibt.

Ein Junge sitzt allein auf dem Pausenhof,
Er findet Fußballspielen wirklich doof,
Sitzt mit einem Comicheft in seiner Hand,
Recht vergnügt etwas ab vom Spielfeldrand.
Das Heft war das letzte, was sie im Laden hatten,
Er beginnt zu lesen und da wirft sich ein Schatten
Über ihn und er blickt zum Schatten empor,

Da streckt ein Zehntklässler seine Zunge hervor.
„Was liest du da, du kleiner Sack?",
Gröllt er und nimmt ihm das Heft ab.
Seine Kumpels johlen laut,
Jeder von ihnen ist stark gebaut.
Sie schubsen den Jungen rum,
Da wirft jemand den Anführer um.
„Hey, lasst ihm doch seine Ruh!",
Ruft ein anderer Junge ihnen zu.
Er hat auch gerne Comics gelesen,
Damals als er noch unter der Bettdecke gewesen.
Er kennt den ersten Jungen nicht privat,
Doch brauch er das nicht für seine Tat.
Stellt sich hin mutig wie nie,
Flüstert leise zum andern „Flieh".
Entgegen dann den Prügelknaben,
Man sah sie schon öfter an Schwachen laben.
Heute nicht, heute fühlt der Junge seine Pflicht.

„Aha, du bist also scharf auf Prügel?",
Sagt der aufgestandene Flegel.
Seine Faust, die fliegt,
Unser „Held" bald auf dem Boden liegt.
Doch ist das Ganze noch nicht vorbei,
Die Peiniger haben noch Fäuste frei,
Schlagen auf ihn hernieder,
Nochmal, nochmal und immer wieder.
Ein Tritt und sein rechtes Schienbein bricht.
Der Zehntklässler wirft ihm den Comic ins Gesicht
Und spricht: „So was wie Helden gibt es nicht".

Wenn Helden halten, was sie versprechen,
Wenn sie, obwohl ihre Knochen brechen,
Immer für uns weiterkämpfen
Und den Schein des Bösen dämpfen.
Dann kann das Leben weiter fließen,
Und wir können es genießen,
Spüren, wie es ist, wenn man lebt,
Falls ein Held noch nach Gutem strebt.

Ein alter Mann sitzt auf einer Bank,
Immer noch rüstig und selten krank.
Sein Blick schweift über den Teich,
Er war nie besonders reich,
Doch reich an seinen Lieben.
Sein Enkel ist heut bei ihm geblieben.
Er kommt auch gerade angerannt
Mit einem Comicheft in seiner Hand.
Der Junge träumt von Heldentaten,
Von welchen ihm andere abraten.
Der Großvater streichelt seine Stirn:
„Mein Junge, lass dich nicht verwirrn,
Wenn andere über Helden reden,
Als wären diese nicht am Leben."
Der alte Mann greift an sein Bein,
Mit dieser Wunde war er allein.
Er blickt den Jungen lange an
Und fängt dann zu sprechen an:
„Mein Junge, schau der Wahrheit ins Gesicht,
So etwas wie Helden gibt es."

Man hasst oder liebt es,
Das Leben, was wir unser selbst geben.
Beim Streben geht auch mal was daneben,
Doch wissen wir, wir sind nicht allein.
Trotz all des hohlen Schein,
Den wir alle ertragen müssen,
Gibt es Menschen mit Gewissen.
Nicht alle müssen Masken tragen,
Oder viele Kleidungslagen.

Jeder ist ab und an ein Held,
Jeder rettet seine Welt
Im Kleinen und Geheimen.
Also müssen wir verstehen,
Alles ganz genau ansehen.
Zu oft müssen wir im Dunkeln warten,
Jeder von uns begeht Heldentaten.

Maras Führung: Heldenhaft

Ausgezeichnet! Sie haben es aus der Eingangshalle unserer Ausstellung herausgeschafft! Hoffentlich konnten Sie ein wenig Gefallen an diesem Werk finden. Sie werden feststellen, dass die neueren Texte eher Prosa und die älteren eher Lyrik sind, da es für Emm früher eine große Hilfe war, einen „Rhythmus" auf der Bühne zu haben. Aber natürlich wird unser nächstes Exponat genau diese Regel auf den Kopf stellen. Es entstand nämlich während der Pandemie und hat aus diesem Grund auch deutliche Spuren davongetragen. Doch obwohl fast eine Dekade zwischen dem Eingangsstück und diesem hier liegen, schimmert noch derselbe Wunsch nach heroischem Handeln heraus.

Wie Sie sicher nicht bemerkt haben, flattern in Emms Gehirn einige schräge Vögel durch die Gegend, da Sie im Gegensatz zu mir ja außerhalb dieser Denkfabrik existieren. Ich persönlich halte es dennoch für unangemessen zu sagen, dass unser Dichterling einen Vogel hat. Es sind deutlich mehr und es gibt noch andere Spezies hier drin. Einen darf ich Ihnen jetzt ganz unverblümt in all seiner Versgestalt direkt vor die Nase setzen.
Und vielleicht erkennen Sie ein paar Motive aus dem ersten Text wieder, auch wenn diese jetzt in einem völlig neuen Federkleid daherkommen.

Kakadukules

Blickt man aufs Erdenrund,
Sieht man zurzeit kaum noch was als Leiden,
Klimabums, Coronadings und Verschwörung,
Scheiß an dem sich Nazis weiden.
Doch hört mir nun zu, nehmt euch die Zeit
Lauschet der Geschichte.
Es ist die Mär von Kakadukules,
Von der ich euch berichte.

Es war ein Tag im Dezember,
Voll des besinnlichsten Gedränges,
Voll Glühweinpups, Grillfettduft
Und weihnachtlichem Gehänge
Hör ich ein Scheppern sonderbar,
Übertönt die schmausende Menge.
So folgt ich tippelnd meinem Schritt
Aus der Bierbauch gemachten Enge.

Abseits des Menschenauflauflärms
Werden die Geräusche lauter.
Sie tönten kalt und etwas schrill,
Doch werden nicht vertrauter.
Aus der Wolkenhimmelsrichtung
Flogen stählerne Gebilde,
Plumpsten auf die Pflasterstraßen,
Der Ratten hoheitlich Gefilde.

Was saß dort auf der Balllustrade,
Fast verborgen von den Blicken?
Eine Drohne, gar ein Superheld,
Wer betrieb hier diese Zicken?
Wer störte hier meine
Und des Rattenkönigs Ruh?
Es war, und ich bezeug' es,
Ein gelb gekrönter Kakadu.

Verblüffen, Zaudern, Staunen
Blockierten hier noch mein Begreifen,
Doch mit der Vogelvorfahren-Kraft
Verbannt dies Tier weitere Streifen
Von den Simsen,
Die mit stählernen Zacken waren bewehrt,
Womit der Mensch den Tauben
Rast und Nistplätze verwehrt.

Mit Schnabelkraft und Klauengriff zerstört er,
Was vom Mensch geschaffen.
Drohte er den Ratten nicht,
Er verschaffte ihnen Waffen.
Sein Anblick strahlte vorzüglich,
Mahnte jeden Tieregrämer: „Flieh!"
Sein Name war Kakadukules,
Ein Heldenfedervieh.

So war ich inspiriert
Von diesem hier nicht heimischen Tiere,

Als Immigrant hier her verschleppt,
Sorgt er für bessere Quartiere,
Will für alle Prügelraben, bessre Zeiten bringen,
So werd ich als Dichter laut ein Loblied singen

Nun Ohren auf und Münder zu,
Ihr müsst nicht mehr raten.
Ich erzähle euch jetzt leicht verkürzt
Von seinen Heldentaten:
Er rettete am Weihnachtsfest überraschend alle Gänse.
Als Ersatz servierte er Lebkuchenkatzenschwänze.
Kakadukules lieferte alle Weihnachtsgeschenke.
Rentiere jubeln ihm zu von der glühweinvollen Tränke.
Zwischen Ratten und Menschen schuf er Frieden,
Versprach den Nagern,
Sie würden als Reparation ganz Frankfurt kriegen.
Er bewegte sich so schnell, konnt die Physik widerlegen,
War in der Lage auf allen Stationen gleichsam zu pflegen.
Hätt man ihm wegen Schallwandbruch
Keine Abmahnung erteilt,
Hätt dies heroisch Federvieh sicher Corona längst geheilt.

Fühlt ihr euch ob meiner Geschichte
Um die Wahrheit leicht betrogen,
„Du Kugeldichter, der Scheiß ist doch gelogen!“,
Hält euch doch hoffentlich
Ein Körnchen Wahrheit noch gewogen:
Dass ein Kakadu Taubenabwehr hat vernichtet,
Ist wirklich wahr,
Genauso wie von mir heut und hier berichtet.

Hab dessen Bedeutung vielleicht ein wenig umgeschichtet,
Die Taten dieses Tieres mit meiner Fantasie verdichtet.

Doch ein Vogel, der so heldenhaft ist,
Wie es seine Kräfte ihm erlauben,
Taugt als ein strahlend Vorbild
Und das nicht nur für Tauben.
Wenn jeder die Welt verbessert,
Wie es möglich ist, ob ihr es glaubet oder nicht,
Dem widme ich, wie Kakadukules,
Eben dieses Gedicht:
Wirken deine Taten klein
Und du auch manchmal noch kleiner,
Füllt sich dein Leben gar mit Spänen,
Als wärest du ein Schreiner,
Denk an das Beispiel von Kakadukules edlem Streben,
Keine Hilfe ist in dieser Welt vollkommen vergebens.

Also mein kleiner Vogelschwarm,
Fliegt los und tut was Gutes.
So singe ich euch zum Abschied
Noch ein Lied ganz frohen Mutes:
Werft Mais zu tapferen Vögeln,
Ihr gütigen Menschen, ihr gütigen Menschen,
Ohoooohooo.
Und werft ihnen kein Brot zu,
Es macht ihnen Krämpfe, es macht ihnen Krämpfe,
Ohoooohooo.

Maras Führung: Weltansichten

Ein roter Faden ist definitiv die Vorliebe für heroische Figuren der Popkultur. Alle, die erkannt haben, dass es sich bei den letzten Zeilen von „Kakadukules“ um eine Hommage an „The Witcher“ handelt, dürfen sich jetzt selbst mit den Buchdeckeln Applaus geben. Alle anderen dürfen das auch, denn wir sind schon wieder ein kleines bisschen tiefer in die Katakomben vorgedrungen.

Ein Wunsch nach Besserung in der Welt, wie uns auch diese Vogellyrik suggeriert, impliziert ja leider, dass es etwas zu verbessern gibt: der Umgang mit der Natur, der Umgang miteinander und der Mangel an Käsekuchen. Letzteres fällt mir vermutlich gerade nur auf, weil ich kein Frühstück hatte. In der Dichtung ist es ja leider auch ab und an mal wic in der Realität und es kommt nicht immer ein Kakadu in glänzendem Pflegeoutfit, um als Vorbild für uns zu dienen. Passen Sie gut auf, die Lichtverhältnisse sind hier etwas schummriger, denn die Welt erscheint doch öfter mal, als ob sie eine Wolke von Problemen einnebelt, und diese sind ja leider viel zu oft von der Menschheit selbst fabriziert.

Verlieren Sie nicht die Hoffnung, denn dieser Text dauert hoffentlich:

Länger als ein Lächeln

Schauen wir auf unsere Erde,
Klingt ein Chor voller Beschwerde
Aus den Mündern jener Herde,
Die wir Menschen nennen.

Auch bei genauen Blicken
Mögen die sich auch nicht schicken,
Und unser Ego herbe zicken,
Können wir erkennen:

Die Welt ist am Arsch, kaputt und ausgelaugt,
Wir haben wörtlich den Lebenssaft ausgesaugt.
An das Gute wird hier noch kaum geglaubt,
Wenn die Menschheit den Lebensraum verbraucht.

Malen wir mit Schwarz unsere Szenarien,
Singen in Moll nur Sterbensarien,
Gibt es Tiere nur in Vivarien,
Ihre Geschichte in Antiquarien.

Wir haben uns die Erde zum Bückstück gezogen,
Die Ursprünge der Natur unkenntlich verbogen,
Uns bis zum Überkochen schlussendlich belogen,
Dabei die Kinder um Zukunft schändlich betrogen.

Für Netflix, zuhause und richtig mal chillen,
Für Tönjes Schweinsdörfer zum Fetten durch Grillen,
Für Paketlieferdienste rund um die Uhr,

Für die Locken erhaltende Anchovis-Haarkur,
Für Pornofilme streamen direkt auf den Laptop,
Für fünftausend Ordner bei mir auf dem Desktop,
Für neueste Smartphones und trendigen Scheiß,
Für unendliches Wachstum, egal welcher Preis!

Doch noch sind wir nicht am tiefsten Punkt.
Es geht noch immer weiter zum Schlund.
Wir brauchen dafür auch keinen Grund
In der Misere, die wir durchleben.

Ackern an Karriere und den Profilen.
Ackern so viel, kaum Zeit zum Spielen.
Ackern so hart, da vergisst man das Zielen
Für die Sachen, wonach wir streben.

Denn Miteinander kann sich die Menschheit abschmieren.
Fragen sich bei jeder Tat, „Was hab ich zu verlieren?"
Macht, Fame und Klicks sind wonach wir gieren,
Wofür wir andre Menschlein auch gerne frustrieren.

Schauen auf die „anderen", ekeligen Horden,
Schauen dann weg beim grausamen Morden,
Verleihen oft Heuchlern glänzende Orden.
Menschheit? Was ist aus unserer Seele geworden?

Es fühlt sich notwendig an, sich abzugrenzen,
Im Wettstreit mit allen ständig abzukämpfen,
Den Lärm, der dabei entsteht abzudämpfen.
Es wäre doch derb schön selbst zu glänzen.

Wir ignorieren, wenn jemand Menschen verprügelt,
Wir schweigen, wenn niemand Rassismus zügelt,
Wir gehen weiter, wenn unser Kumpel Frauen betäubt,
Wir schlafen, wenn jemand weint, wenn er träumt,
Machen Frühstück, wenn jemand Schüler erschießt,
Halten die Fresse, wenn jemand hier Blut vergießt,
Lachen über das Anderssein, das auf Erden wandelt,
Wir denken wir wären gut, auch wenn man nur sel-
ten danach handelt.

All diese Dinge habe ich gesehen, gespürt und gehört.
Das hat mich in meinem Leben betrübt und verstört.
Ich sitze oft allein an einem Küchentisch
Im Dunkeln und suche ein bisschen Licht.
Ob ich es noch finde, weiß ich nicht.

Doch dann erblicke ich, wie Menschen noch lächeln,
Wo Organe seit Jahren vor Krankheiten schwächeln.
Welch Zauber durchdringt den melancholischen Tanz?
Es ist ein Kind, was ruft wie ne Gans: „HOMK".

In schmierigen, schwierigen Lebenslagen
Kann der Mensch Miseren oft nur ertragen
Durch das blinkende glitzernde, winkende, flüstern-
de Gefühl von Glück.

Denn auch in den schmauchenden rauchenden
Überresten von Träumen,
Kann der Mensch sich gegen Trübsal aufbäumen.

Dies steckt im Kaffee am Morgen,
Im Teilen von Sorgen,
In veganer Ernährung,
Im Akt der Vermehrung,
In Mamas Gratin,
In Dessous aus Satin,
Im Teilen von Bildern,
Im Beschmieren von Schildern,
Im Protestieren und Toben,
Im einfach mal Loben,
In vertrauten Orten,
In gereimten Worten,
Im Freundschaften knüpfen und binden,
Im endlich mal Zeit für ein Päuschen finden.

Es ist unserer Existenzen und Leben größte Errun-
genschaft,
Dort Licht zu finden, wo sie sich im Dunkel ver-
schlungen hat.
Klimakrisen, Menschenhass und Verachtung
Verschwinden nicht nur durch positive Betrachtung.
Doch wer auch im Morast
Noch nach Pfaden sucht,
Lächelt, wenn man deinen Namen verflucht.
Trotz Tränen, noch für die Erde kämpft
Und auch das Leiden von anderen dämpft.

Legt das Fundament für eine bessere Welt,
Die sicherlich länger als nur ein Lächeln hält.

Maras Führung: Radikale Reaktionen

Sagen Sie jetzt ganz schnell und laut:
„Gnukriw, Gnukriw, Gnukriw."

Ausgezeichnet!
Wie ich sehe, haben einige von Ihnen dieser Anweisung Folge geleistet und andere haben es selbstverständlich nicht getan, da sie keine literaturhörigen Nachplapperer sind oder gerade den Mund voll haben. Auf jeden Fall hat dieses Sätzlein gerade etwas in Ihnen ausgelöst. Dieses Sätzlein war eine Ursache für diese Wirkung (Gnukriw rückwärts geschrieben, wie sie sicher schon bemerkt haben). Egal wie allmächtig mich Emm ersonnen hat oder sich das wünscht, so bin ich, Mara, als bescheidene, schönste und liebenswürdigste Fremdenführerin nicht in der Lage zu sehen, wie Sie reagieren würden. Obwohl viele Menschen rückwärtsbetrachtet gerne behaupten, sie hätten eine Wirkung vorhergesehen, ist dies leider nur mit sehr viel wissenschaftlicher Arbeit und vielen Fakten zu leisten und so für die meisten von uns eher schwierig.
Einige problematische Wirkungen hat Ihnen das letzte Gedicht ja nähergebracht. Welche Ursachen sie haben, werden wir uns jetzt rückblickend anschauen, denn es handelt sich dabei schließlich nicht nur bloß um das Existieren der Menschheit, sondern auch um einige ihrer vielen verwirrenden und beirrenden Eigenschaften.

Menschen sind

Wir sind weit über 8 Milliarden,
Leben auf Bergen, an Gestaden.
In Hütten, die unser Leben tragen,
An guten und an schlechten Tagen.

Wir haben uns so viel zu sagen.
Manchmal euphorisch, manchmal klagend,
Stellen dem Leben oftmals blöde Fragen,
Können die Antworten selten ertragen.

„Was macht uns aus?"
Sind es der Haut und Haare Farben,
Welche nach den vielen Jahren
Voller Evolutionsgebaren,
Und dem sehr häufigen Paaren
All unserer vielen Vorfahren
Sich kunterbunt herniederschlagen?

Wir haben rote, blonde, braune Strähnen,
Augen, die sich nach Kurven sehnen,
Rundungen, für die wir uns schämen,
Nasen, die wir für krumm erwägen,

Gesichter, an denen Chirurgen sägen,
Hautfarben, die wir als „schlecht" belegen,
Größe, die wir als Segen leben
Und Kleinheit, missachtet gleich daneben.
„Doch ist das alles, was wir sehen?"

Sind wir Männer und Frauen?
Können wir 2 Kategorien trauen
Auf denen wir ein System erbauen,
In dem sich Zweifel und Ängste stauen?
Oder gibt es mehr als Männer und Frauen?

Wir sind Brüste- und auch Penisträger,
Kunterbunt, so dass nicht jeder
Versehbar ist mit nem Aufkleber
Vom redlichen Gesetzesgeber.

Wir tragen Samt und auch Leder,
Denn trotz der Vorurteile sturer steter
Rolle als Verderber Miesepeter,
Sind wir alle wundervoll und das sieht jeder.

„Was können wir noch?"
Können wir alle immer alles wagen?
Egal, ob uns unsere Beine tragen,
Diese ihren Dienst versagen,
Ob wir all dieses Leid beklagen
Oder auch die Zweifel an uns nagen.

Wir sind Krückengeher, Rollstuhlfahrer,
„Tabletten im eignen Nachtisch"-Haber,
Sitzen beim Arzt oder Psychiater,
Und haben alle nach dem Suff nen Kater.

Sehen mal das Dunkle, manchmal klarer,
Sind „Kinder von unserem Leid-Bewahrer",

Empfinden unser Können als zu mager,
Doch sind wir alle niemals Versager!

„Sind es nur Taten?“
Wo hinein werden wir geboren?
Manchmal kommen wir ungeschoren
Davon, obwohl wir hier verloren,
Schwitzend stark aus allen Poren,
In unserem Milieu heiß schmoren.

Wir haben goldverzierte Mieder,
Beschmieren mit Gold auch unsere Glieder,
Klimpern damit wie im Fieber,
Schauen dann auf jene nieder,
Welche ja doch einfach lieber
Wären wie die Ringleinschieber,
Welche geschmückt mit Flieder,
Auf sie spucken, immer wieder!

„Was für Taten?“
Womit wollen wir das verdienen?
Was für Leib- und Seelenschienen
Darf uns die Versicherung mimen?
Mensch wandelt auf einem Feld voll Minen
Für die Dinge, die wir lieben.

Wir sind Poeten, die auf Wortketten rumjetten,
Rennen als Cops um Ecken,
Ihre Prioritäten umstecken,
Als Mütter die Kinder aufwecken,

Vor Räubern auch mal aufschrecken,
Sind auch mal am Rappen,
Mit den letzten Dorfdeppen,
An Kastorschienen anketten,
Als Pöbler auch mal anecken,
Als Kranker sind wir ansteckend,
Als Tierschützer mal nen Schwan retten,
Schneiden als Friseure Koteletten,
Häkeln warme Wolldecken,
Sorgen als Koch fürs Wohlschmecken
Oder für das Vergnügen anderer an Känguruhoden
lecken!

Wir sind alle diese Dinge, die ich gerade vergessen.
Wir sind ruhig, sind wild, von uns selbst besessen.
Wir sind Bühnensäue und wir sind Publikum.
Fühlen wir uns dabei manchmal auch dumm,
Dass wir das ganze hinschmeißen wollen,
Bringen wir uns immer selbst ins Rollen,
Denn wir sind Sisyphus und Zeus und alle Götter.
Wir sind unsere schlimmsten Erzfeinde
Und die eigenen Retter.

Wir sind immer freie Lachse und ewig am Haken.
Wir sind orientierungslos und Herr der Lage.
Wir sind im Tank schwimmende Gehirne.
Wir sind Wächter des Panopticon,
Der eigenen Stirne.
Wir sind ach so Vernunft begabte Tiere.
Wir sind angeblich der Schöpfung Zierde.

Wir sind Erdogan und die Affäre Böhmermann.
Wir sind ein besonderes Talent
Und das, was jeder kann.
Wir sind Donald Trump und auch Justin Trudeau.
Wir sind ewig krank und häufig doch froh.
Wir sind CO2, um das Klima zu beugen.
Wir sind die, die den Wandel leugnen.

Wir sind widersprüchliche Mühlen,
Die sich selbst zermahlen,
Unerschöpfliche Wächter,
Die sich selbst stets ermahnen,
Nicht das zu werden, was sie eigentlich schon sind.

Das alles sind wir
Und sind doch für so vieles blind,
Aber das gehört dazu,
Da wir eben Menschen sind.

Maras Führung: Mit der Lupe suchen

Beim Verlassen dieses Werkstückes kann es immer wieder gut sein, sich daran zu erinnern, dass hier nicht einmal 1% aller möglichen Eigenschaften der Menschheit aufgelistet sind. Was für eine einschüchternde Pluralität, mit der wir ausgestattet sind. Dennoch dreht es sich bei vielen von uns allzu oft immer wieder um das eine: Nähe.

Ebenso wie Helden, Lösungen oder die Reife derer, die beim Titel dieses Führungsabschnittes nach einem Peniswitz gehechelt haben, muss man die Gelegenheiten für echte Nähe manchmal mit Vergrößerungsgläsern suchen, obwohl wir acht Milliarden auf diesem feuchten Erdklumpen sind. Bei der Suche kann es hilfreich sein, sich zu öffnen und den ersten Schritt auf andere zuzumachen, auch wenn man sich dabei doch oft metaphorisch sehr entkleidet fühlt.

Ein Geheimnis, welches ich über Emm verraten darf, ist, dass Texte, welche direkt aus der Erfahrung greifen, sehr häufig in Prosa erfasst sind. Ich bin von Emm in Prosa verfasst. Jetzt denken Sie mal darüber nach, was das hier heißen könnte.
Es wird sehr intim.
Also rücken wir vor der Lupe zusammen und lassen uns gemeinsam auf den nächsten Schritt in diese Denkhallen ein.

Nackt

Wir sind nackt, auf mehr als nur eine Art und Weise. Ein ganz einfacher, geradezu natürlicher Zustand. Diesen aber zu erreichen, gerade wenn man wie wir nicht allein ist, scheint jedoch weder besonders natürlich noch einfach.

Der Anfang ist noch machbar: kennenlernen, nicken, lächeln, weiterreden, nicken, lächeln, dann schmunzeln, um Interesse zu bekunden und dann…

Lange wusste ich nicht, was dann kam. Mittlerweile weiß ich es immer noch nicht, aber heute habe ich wenigstens die Suggestion einer Illusion von Mut aus dem Happy Meal.

Ich frage, ob ich deine Hand halten darf. Danach folgen Pausen deren Pausen Pausen haben. Endlich hältst du meine Hand und mein Herz beginnt einen Takt zu klopfen für einen Tanz, den hoffentlich nicht nur unsere Finger tanzen.

Du versuchst mich zu küssen.

Ich passe gerade aber einfach nicht auf und rede weiter über Comicbücher, genauer gesagt über Deadpools Liebesleben und Pansexualität, während ich deinen Kuss nicht bemerkt habe.

Ich entschuldige mich tausend Mal pro Sekunde und habe Angst, es verpasst zu haben, dich küssen zu dürfen, denn das klingt doch spannender als Deadpools Sexleben.

Erneutes Lächeln auf deiner Seite und endlich ein Kuss, der mich jedes andere Liebesleben vergessen lässt. Endlich schieben sich Textilien erst zur Seite, dann auf Links und irgendwann über Köpfe und Gliedmaßen zu ihrem Beobachterposten auf dem Boden.

Es vibriert in mir auf eine gute und auf eine schlechte Weise. Die gute Weise, das bist du, der Geruch deiner Fingerkuppen, der Geschmack deiner Lippen und das Singen deiner Augen, wenn sie sich vor Genuss schließen. Das andere ist diese Stimme, gestohlen aus Filmen, Dummheit und Pornos, die mir sagt, ich solle „männlich" sein und meinen drölfundzwanzig-Zentimeter-Penis sinnlos in all deine Körperöffnungen rammen. Alle Penisträger*innen seien schließlich so dankbar dafür, wenn sie nach exakt 90 Minuten Laufzeit ihren Samen in den Haaren des Gegenübers verteilen, hat mir mein Pornodealer gesagt.

Wahlweise könnte ich auch, wie in einem Film, mich bekleidet auf dich legen. Wir beide würden unter einer Decke mit den Becken zucken und nach zwei Minuten mache ich dann ein Geräusch, als ob ich im Lotto verloren hätte.

Eigentlich möchte ich das nicht so. Ich weiß zwar noch nicht, wie ich mit dir schlafen möchte, aber Ratschläge von Pornodealern sind dafür wohl nicht geeignet, auch wenn Kalle oft für mich da ist.

Das hat ganz simple Gründe, denn obwohl ich meinen Penis mag, egal wie groß er auch sei, ist er mir beim Sex einfach nicht so wichtig und ich bin mir bewusst, dass er NICHT das Zentrum der Welt ist. Er kann nicht riechen oder schmecken, und schon mal den Nacken von jemandem mit einem Penis massiert? Suboptimal! Außerdem wissen wir doch eigentlich alle, dass wir mehr Körper als nur Genitalbereiche haben. Du und ich bringen uns das langsam gegenseitig bei.

Du zeigst mir, wie sehr ein Mensch es genießen kann, in den Nacken gebissen zu werden, und ich mache unanständige Geräusche, wenn du auch nur sanft an meinen Nippeln ziehst. Das passiert natürlich nicht immer alles reibungslos. Beim ersten Mal Nackenbeißen sabbere ich dir auf den Rücken und du brauchst eine gefühlte Ewigkeit, bis du meine winzigen Männernippel findest, obwohl keiner von ihnen Waldo heißt.

Das ist wunderschön, denn es gibt kein Skript, kein Handbuch, sondern nur den ehrlichen Versuch von Menschen, sich körperlich nahe zu sein und den Moment miteinander zu teilen. Dabei darf man scheitern. Man darf sogar Pausen machen und gemeinsam darüber lachen!

Ich bin jetzt schon über 30 und habe seit über einem Jahrzehnt Sex, doch egal mit wem, fühle ich mich wie ein Schwimmprofi im Weltall – überall rasiert, aber außerhalb meines Elements.

Doch dank Menschen wie dir habe ich gelernt, wie schön es sein kann, Fehler zu machen.

Zu fest am Ohrläppchen knabbern hat uns den ersten Buchstaben von BDSM gelehrt, genauso wie das eine Mal, an dem du gestolpert bist und dich an meinen Männernippeln festgehalten hast. Wenn man achtsam ist, ist Sex wie Malen mit Bob Ross: „There are no mistakes, only happy accidents.“

Danke, dass du bei all diesen Malen dabei warst. Egal, welches Geschlecht du hattest, wie alt du warst, ob etwas Festes oder Flüchtiges, schnell oder langsam, hart oder zart, feucht oder fröhlich, eine*r oder viele. Es war immer wundervoll, solange alles, was wir gemacht haben, von uns gewollt war.

Noch einmal danke, dass ich mit dir nackt sein kann, auf mehr als nur eine Art und Weise.

Maras Führung: Zwischen Anfängen

Unterbrechen Sie jetzt das Schmusen mit ihrer Partnerperson, ihrer Katze oder mit ihrem Seitenschläferkissen, in welches Sie während der letzten Lektüre sicher verfallen sind. Es geht jetzt auf das Dach, denn die nächste Buchstabensammlung braucht Frischluft. Wie bereits erwähnt, sind Prosatexte häufig jene mit mehr persönlicher Erfahrung dahinter. Diese Regel muss sofort durchbrochen werden, sonst könnten Sie ja noch auf die Idee kommen, dass es in dieser Ausstellung mit rechten Dingen zugeht. Oder, Goethe bewahre, mit einem Plan.

Es handelt sich um jene Momente, die jene Hände, welche dieses Buch und sogar mich ersonnen haben, dazu bewegten, für den dazugehörigen Mund Texte zu schreiben und sie auf Bühnen vorzutragen. Es enthält auch immer noch eine Stelle, welche bewusst für das Miteinander auf einer Bühne gedacht ist. Da Sie beim Lesen nicht direkt etwas von einer solchen Bühnenrhetorik haben, gebe ich allen von euch, die diese Stelle finden, natürlich einen von mir selbstgebackenen Keks.

Wir sind nun auf dem Dach von Emms Welt angekommen. Halten Sie sich und vielleicht auch Ihre Ohren gut fest, denn die großgeschriebenen Vokale können während dieses Teils sehr laut sein.

Drachenreiten

„A-E-I-O-U", krächzt du laut, ich hör dir zu.
Du bist grad am Lesen lernen,
Adjektive, Nomen, Verben,
Vor all dem kommt das
A-E-I-O-U, ich hör dir dabei zu.

Du, du bist mein großer Bruder.
Mir? Mir geht es gut, der
Schnuller schlaff vom Nuckeln,
Dabei an meinem Bettchen ruckeln.
Du lernst das Lesen, ich das Zuhören.
Mama sagt, ich soll nicht stören,
Doch ich plappere munter mit,
Wobei es ja kein Wunder ist.
Ich sag: „A-E-I-O-U", du lachst und hörst mir zu.

Jahre, Wochen gehen ins Land,
Ich sitze im Bett und bin gespannt,
Du knipst die Taschenlampe an,
Ich rücke etwas dichter ran.
Du beginnst mir vorzulesen,
Leise Worte doch mein Wesen beginnt zu zittern,
Die Welt um uns herum zu splittern,
Eine neue, die erblüht
Und heiß wie Drachenfeuer glüht.
Die Fantasie, so was wie sie, das kannte ich nie,
Bevor du mir die Weisen wiesest,
Unaufhörlich ließest du mich immer weiter gehen,

Ohne Augen Dinge sehen, so weit und fantastisch,
Vorstellung, die ist elastisch.
Von großen Schlössern mit Terrassen
Hast du mich Drachen reiten lassen,
Mit dem Wind im Wettbewerb,
Bis ganz spät wir ausgezehrt in unsere Betten gefallen,
Erschöpft vom ins Laken krallen.

Dann kam das Leben, Pubertät
Und in all dem Trubel lebt man sich auseinander,
Und manche Wunden
Kann der Geist der Zeit auch nicht mehr heilen,
Das „Wir" wurde zu Teilen.

Höre ich Blätter leise knistern,
Vernehme ich ein weises Wispern:
Wenn die Wörter wieder wandern,
Von dem einen Ohr zum andern,
Sachte dann das Herz berühren
Und die Gedankengänge führen
Dorthin, wo noch keiner je gewesen,
Wenn Menschen einander vorlesen.

Erstes Treffen: „Das kann nix werden",
Ließ ich im Kopf den Abend sterben,
Bevor er noch so recht begonnen.
Oh, was wäre mir dabei entronnen,
Der Abend war charmant, du warst es auch,
Wir liegen hier im warmen Rausch
In einer Weltenwunderhöhle,

In der noch jede einzelne Seele
Trost und Wärme hat gefunden.

In rote Pappe fest gebunden
Wiesest du mir ein kleines Buch.
Unter dem geteilten Tuch
Lag mein Kopf an deiner Seite,
So drang die ganze Weite deines Seins vor.
Für mich zu spüren,
Worte, die mich auf Wege führen,
Die ich lange nicht beschritten,
Weiter vor mit sachten Tritten,
Als dein Wort durch unsere Körper drang
Wie ein vergessener Lustgesang.

„A-E-I-O-U“, ja das kanntest du schon lange Zeit,
Warst du nun bereit mich in deine Welt zu führen,
Ließest mich Sonne, Regen spüren.
In Eis bestäubten Gassen
Hast du Drachen schnauben lassen,
Sodass ihr Odem Pfützen schmolz
Mit dem eitlen Drachenstolz.
Noch vor kurzem warst du mir fremd,
Jetzt bist du die, die erkennt,
Welche Räder mich bewegen,
Welch Wunderwerk hält mich am Leben:

Es ist das Lesen,
War es früher schon gewesen
Nur ob des blanken Alltagsfrust,

War mir es nicht immer so bewusst.
Du hast es wieder freigelegt,
Die müden Massen frisch bewegt
Und ich will es hier auch wagen,
Dir dafür tausend Dank zu sagen
Für jedes einzelne Flüstern,
Für der Seiten sanftes Knistern,
Für das Lächeln mild und lüstern,
Für das Blähen deiner Nüstern,
Wenn die Freude dich erfasst.
Danke, dass du mir vorgelesen hast.

Spüre ich dein sanftes Knistern,
Vernehme ich ein weises Wispern:
Wenn die Wörter wieder wandern
Von dem einen Ohr zum andern,
Sachte dann das Herz berühren
Und die Gedankengänge führen
Dorthin, wo noch keiner je gewesen,
Wenn Menschen einander vorlesen.

Heut gebe ich euch die Berichte,
geformt im Kleide der Gedichte.
Warum? Ja, weil: Ich find das eben geil!
Ich will wagen Wort und Gedicht euch anzutragen,
Wunder mit euch allen teilen,
Diese und auch andere Zeilen,
Welche ich für euch ersinne,
Und vortrage mit meiner Stimme.
Manchmal rau und manchmal spitz,

Manchmal mit Charme oder auch Witz.
Es ist der Rede Sinn gewesen,
Ich will euch jetzt was vorlesen:

„A-E-I-O-U", ruf ich laut, ihr hört mir zu!
Doch Vokale kann ich schon, also weiter wie gewohnt.
Jetzt alle mal die Augen schließen,
Auch du da, was jetzt kommt, du wirst's genießen,
Ihr spürt das, worauf ihr gerade sitzt,
Mit dem Hintern leicht verschwitzt.
Es ist warm und es bewegt sich.
Ein Zugwind um eure Ohren,
Die Nachtluft saust durch eure Poren.
Es erklingt ein Rauschen und ein Flattern,
Ein klares ledriges Knattern.
Es geht auf und wieder runter,
Im Wechsel immer wieder munter,
Wie von Schwingen unendlich lang
Kaum widersteht ihr dem Drang
Und öffnet die Augen: Ja, ist denn das zu fassen,
ich kann euch Drachen reiten lassen.

Vernehmt ihr die Buchseiten knistern,
Hört ihr mein viel zu lautes Flüstern?
Wenn die Wörter wieder wandern,
Von dem einen Ohr zum andern,
Sachte dann das Herz berühren
Und die Gedankengänge führen
Dorthin, wo noch keiner je gewesen,
Wenn Menschen einander vorlesen.

Maras Führung: Aufpassen!

Haben Sie die Stelle gefunden? Super! Dann gibt es nun einen Keks. Der Keks ist selbstverständlich fiktiv, ebenso wie ich. Seien Sie froh, denn so hat er auch nur fiktive Kalorien!

Nachdem wir uns nun auf dem Dach haben durchpusten lassen, gehen wir in einen Raum. Er ist gleich hier um die Ecke. Man könnte ihn leicht übersehen, denn es hängt dort kein Schild. Die Tür ist nicht besonders ansprechend und man hört keine Musik – oder vielleicht doch? Die aufgeführten Texte haben das Glück, durch den Kanal der Bühne direkt in die Gesichter von euch vorzüglichen Kulturkanaillen getragen zu werden.

Aber auch abseits der glitzernden Lichter gibt es sehr viel Kunst, und seien wir mal ehrlich: Emm ist jetzt auch weniger bekannt als die Wanderwaden von Goethe. Genau deswegen betreten wir diesen unscheinbaren Raum, der von diesem unbekannten Dichtermenschen geschaffen wurde, weil wir neugierig sind, weil wir hinhören wollen, weil ich dazu erfunden wurde und weil es uns doch ein befriedigendes Gefühl der Entdeckung gibt, neue kreative Werke erleben zu können.

Ungehörte Dichter

Liebe Lesenden, von nah und fern, was dieses Textes Pudels Kern ist, verbunden gar mit manchem Frust, egal ob mit einer oder zwei Seelen in der eigenen Brust.

Der Sinn hiervon mag durch diese hohle Gasse kommen und wie die Nachtigall zart vernommen, ist es auch keine Lerche, doch teile ich und beherrsche die Aufmerksamkeit des Publikums, führ ich mit Floskeln an der Nas' herum und doch ja dazu bekenn ich mich; geht's auch zur Erkenntnis frisch durch stille Wasser, die sind bekanntermaßen tief, schaut noch die Geister, die ich rief:

Ihre Lautstärke nimmt immer weiter zu von „Champions" zu dem „rocking you". Über Wale und die Eulen hört man den Steppenwolfe heulen, der Werther wacht seit jungen Jahren und Kraniche fliegen hoch in Scharen über das Tuch, dessen Fluch der Weber harsch verknüpft, derweil Pippi Langstrumpf lüpft die Socken, wo doch im Busch die Räuber hocken.

Flinke Worte meiner Zunge mittels heißen Stoßes der Lunge, die mir innewohnt, habe ich dieses Stück vertont, was euer Ohr wohl kaum verschont. Damit beschwöre ich die Geister altgedienter hehrer Meister und Meisterinnen. Ihr denkt vielleicht: „So viele auf einmal, tut der spinnen?"

Ob Barden, Dichter, alles andere ihr Gedankengut, das wandert in unseren Köpfen auf und ab, hält das Hirnfleisch hübsch auf Trab. Wir mögen zwar nicht alle kennen, doch diese Heeren Wortkredenzer, darunter auch Schulstundenschwänzer, bleiben uns, ob durch Freude oder Schmerz, in Kopf und Herz.

Doch genug der Irrungen und Wirrungen, wie versprochen ohne Nebenwirkungen nun des Textes Kern: Diese Meister haben wir sehr laut vernommen, doch mehr sind auf dem Weltenrund verkommen. Nicht Können allein diktiert den Verbleib in der Epochen Zeitvertreib. So bleiben Dichter ungehört, vielleicht sogar unerhörter Weise zu Unrecht. Man denke sich den Dichter, der die Abgabe mal verschlafen hat und die Geschichte straft ihn ab mit unendlicher Vergessenheit, wonach kaum noch Dichter übrig bleibt.

Oder die Liebesbriefe ungeschickt, welche mit nur einem Klick von der Platte zack verschwinden, ohne dass ihre Worte Herzen finden.
Tausend dieser richtig guten Lieder, welche durch den Mainstream Bieber dem Programm genommen werden, wodurch sie mit den Träumen sterben.
Durch Pech, durch Angst, durch Kim, durch Hans, durch tausendfache Gründe sind tausendfach Talente, gleich der Künste hoher Sünde, verschwunden ohne gebührendes Ende.

Sie sind der Chor der ungehörten Dichter, wie sie singen, wie sie flüstern, hoffnungsvoll und doch zu schüchtern, im rechten Momente mal nicht nüchtern, werden wir sie niemals lesen, niemals hören niemals fühlen.

Doch eines können wir tun gegen stummes Rauschen, Schweigen, Genießen und auch Lauschen, mit dem Herzen das vernehmen, was der Künstler Eitles sehen auf Papier, Noten oder Lippen hat gebannt. Denn seien sie noch unbekannt, so lässt sich dies leicht noch ändern, ob hier oder auch in fremden Ländern.
Hört ihnen zu. Jedem abgebrannten Verseschmied, dem Sänger, bei dem jeder sieht, dass heut nicht sein Tag ist, viel zu häufig schon beklag ich, nicht mehr Musik und Kunst zu hören, denn die mag manchmal unsere Ruhe stören, doch dieses Lied aus tausend Chören ist es wert, sich anzuhören.

Es ist ein Chor aus frisch gehörten Dichtern, manchmal undeutlich wie ein Flüstern, bahnen sie sich schüchtern den Platz in unsere Herzen.
Doch dem sei nicht genug gegeben, mindestens einmal im Leben sollst du und du und du singen wie die Müllers Kuh oder mit dem Zungenschlag eben halt auf deine Art.

Egal, ob dich jemand kacke findet, Negativität verschwindet, wenn man einfach weiter macht und

beim eigenen Schaffen lacht für sich und tausende
weitere Menschen, damit jeder hier erkennt, Kunst
macht den Zuhörer frei und den Künstler freier, das
Leben wird zur rauschenden Feier.
Jetzt spricht jeder einmal mit,
Gebt mir ein **K**, für geilen Shit.
Ein **U** und hört zu,
Beim ruhigen **N**
So erkennt ihr schon beim **S**,
Dass sich nicht alles reimen muss.
Gebt mir noch ein **T** ihr wunderschönen Affen,
Gemeinsam können wir auch Kunst erschaffen.

Und beim Rufen all unserer aufgehetzten Geister,
sitzt vor diesem Buch vielleicht ein neuer Meister.

Maras Führung: Mehr als Unterhaltung

Es ist doch ein frivoles Stilmittel, in einem Text über unbekannte Künstler*innen so viele bekannte Literatur zu zitieren. Es könnte der Verdacht aufkommen, dass unser lieber Schreiberling ein wenig eifersüchtig ist.

Aber es steckt immer so vieles hinter Kunst. Manchmal so viel, dass die Sache mit der Goethe-Eifersucht Emm gerade erst beim Verfassen genau dieser Worte aufgefallen ist. Ja, genau DIESEN hier! Zwar gab es gerade den Appell auch weniger im Rampenlicht lebenden Künstler*innen Aufmerksamkeit zu spenden, aber das heißt nicht, dass deren Kunst auch unterhaltsam sein muss.

Geben wir es zu: Nichts wird je allen Menschen gefallen, das ist auch völlig in Ordnung. Genau wie diese Zeilen Menschen sauer aufstoßen werden, weil hier zum ersten Mal Gendersternchen verwendet wurden. Es sind oft Details und Kleinigkeiten, die darüber entscheiden, wie wir ein Werk finden.

Ich finde das folgende Werk zum Beispiel anstrengend, weil ich mit euch dafür ganz runter in den großen Ballsaal muss, nur damit „der Text sich frei entfalten kann“. Wäre ich nicht wohnhaft in Emms Kopf, würde ich ihn manchmal gerne gegen diesen Buchdeckel hauen.

Ich wünsche euch **jetzt** viel Vergnügen.

Kunst

Eines schönen Tages, man weiß oder beklagt es,
Begab es sich, dass im Park ein Menschlein sang.
Voll Sehnsucht und voll Tatendrang
Jeder Ton aus seiner Kehle klang
Voll Freude.

Der Mensch war kein Opernsänger
Auch nicht Metal-Köpfchenbanger,
Auch früher gar im Kinderchor,
Kam sein Name niemals vor.
Trotz großer Zahl der Jugendsünden,
Kam er nie dazu, eine Band zu gründen.
Von seinen Talenten, den allzu vielen,
Blieb musikalisch nur Triangel spielen.

Bisher nur heimlich in der Badewanne,
Da aber mit voller Kanne,
Grölt er seine liebsten Hits,
Helene Fischer und Bravo Party-Mix.
Geschmack ist ja doch relativ,
Ist die Musik auch manchmal schief,
Klingt voller Elan, als ob er Freddy wär,
Dann wiegt die Welt nur halb so schwer.

Doch seine Bekannten meckern fleißig:
„Mhmm dein Gesang klingt eher scheißig.
Verbal gepresste Kakofonie,
Einfach falsch wie Sodomie!"

Sagen sie ihm einfach so:
„Sorry, bin nur ehrlich, Bro.“
Das sitzt, und zwar volle Kanne,
Schwappt zurück in seine Wanne.

Doch ist das gut? Und ist das richtig?
Was macht ihre Wut denn ach so wichtig?
Soll man das eigene Schaffen lassen,
Weil es manche Massen hassen?
Ich sag: „Nein“, auf das es fetzt.
Mach deinen Style, und zwar **Jetzt**.

Sing das Lied – **Jetzt**
Mal das Bild – **Jetzt**
Schreib den Text – **Jetzt**
Denn Kunst ist schön, weil wir sie schöpfen,
Vielleicht geht das auch bald in alle Köpfe.

Auf einer Bank bei Weidenbäumen
Lässt ein Mädchen Stifte träumen.
Sie bemalt fleißig Blatt für Blatt,
So viele wie die Weide hat.

Die Träume sind nicht immer glücklich.
Manche findens wenig schicklich,
Wie sie Form und Farben pinselt.
Manch Störenfried der winselt:
„Der Strich sitzt schief und hässlich,
Deine Farbwahl scheint mir grässlich.
Blaues Gras? Gelbe Schlehen?

Das Werk kann in den Müllkorb gehen.
Es ist Mist, egal wie du strahlst,
Weil du so schlecht wie Hitler malst."

Sie hörte die Worte, blinzelt eine Träne fort,
Es tut ihr weh und is nicht schön,
Doch ihr Werk wird weitergehen.
Sie war nie in Kunsthochschulen,
In dem Licht der Meister suhlen,
Nicht, dass sie es nie erwägt,
Doch die Mappe abgelehnt,
Wird weiter mit Bildern angefüllt,
Bis sie beinah überquillt.
Dann die nächste und die nächste, immer mehr.
Da trägt sie diese mit sich auf ihrer Reise
Stetig voran mit leisem Tritt.

Doch ist das gut? Und ist das richtig?
Was macht ihre Wut denn ach so wichtig?
Soll man das eigene Schaffen lassen,
weil es manche Massen hassen?
Ich sag: „Nein", auf das es fetzt,
mach deinen Style, und zwar **Jetzt**.

Mal das Bild – **Jetzt**
Sing das Lied – **Jetzt**
Schreib den Text – **Jetzt**
Denn Kunst ist schön, weil wir sie schöpfen,
Vielleicht geht das auch bald in alle Köpfe.

Elegant und Wonnen fein
Tritt in den eitlen Sonnenschein
Unser Sänger auf eine grüne Wiese,
Sodass er sich herniederließe.
Nach wenigen Momenten
Sind seine Augen am Erkennen,
Eine junge Frau, sie zeichnet ihn,
Dies Bild scheint ihm so wunderschön.
Die Striche etwas paradox,
Doch er vernimmt sein Herz, das klopft,
Den Takt zu ihren Farben,
Er lässt auch nicht lange warten,
Trotz seiner Kumpanen Spott und Hohn,
Dämpft nichts den inneren Ton.
Wie ein stürmisch Windgeheule singt er auch los,
Voll Freeuuuuuuude!

Sind die Melodien auch nicht gerade,
Hat das Gras ne gelbe Farbe,
Scheint jedes Motiv für uns nur wage,
Und bringt's die Menge zum Verzagen.

Für die beiden ist es perfekt,
Der Zauber, der in ihren Künsten steckt,
Muss nicht immer andere erfreuen,
Sollten die auch Missgunst streuen.

Er wird niemals Opernstar,
Ihre Werke hängen nie im Louvre,
Ja dennoch ist das Kunst,

Und egal in welchem Licht besehen,
Nur dadurch schon wunderschön.

Kunst kann stören und sie kann lindern,
Sie kann sogar helfen Menschen zu verbinden.
Zum Beispiel wenn der Saal Euphorie erfüllt,
Mit mir auf der Bühne **Jetzt** laut brüllt.
So haben wir, wer hätte das Gedacht,
Heute zusammen Kunst gemacht.

Also macht was, dass es fetzt,
macht weiter euren Style, und zwar **Jetzt**.

Sing den Text – **Jetzt**
Mal das Lied – **Jetzt**
Schreib das Bild – **Jetzt**
Zupf den Bass – **Jetzt**
Mach's aus Spaß – **Jetzt**
Chillt auch mal – **Jetzt**
Ihr lest so schnell – **Jetzt**
und lacht so hell – **Jetzt**

Das Fettgedruckte war ursprünglich ein Mitmach-
teil, also hoffe ich, dass ihr das in Zukunft laut lesen
werdet. Vielen Dank fürs Lesen und jetzt: letzte Ge-
legenheit laut mitzulesen, denn der Text endet **Jetzt**.

Maras Führung: Aussichtssache

Aus meiner fiktiven Perspektive heraus war das gerade wegen des Fettdrucks sehr laut, für manche von euch vielleicht auch, für andere nicht. Aber, wie bereits erwähnt, entscheiden ja die kleinen Details darüber, wie wir unsere Welt wahrnehmen. Diese Wahrnehmung beschert uns öfter einmal Momente, welche wir aus verschiedensten Gründen mit anderen teilen wollen.

Diese Sammlung ist ein gutes Beispiel dafür, solche Eindrücke haltbar zu machen und für andere erfahrbar zu machen. Doch nur weil die Urheber*innen solch einer Erinnerungskonservierung sie für teilenswert halten, muss der Rest unserer geschätzten, glänzenden Existenzen das nicht genauso sehen.

Wir schreiten nun erneut zu einem Exponat hinter dem Ballsaal, was in vielen kleinen Reimen vorliegt, und immer wieder versucht eben jene Wahrnehmung des Archivierens von Momenten zu beschreiben. Ein geladenes Thema, was gerade im Zeitalter, in dem jeder von euch eine Kamera am Handy hat, recht aktuell ist. Ihr müsst euch aber nun doch selbst ein Bild davon machen, ob solch verkopfte Lyrik vielleicht doch eher für die Füße ist.

Schnipsel der Unendlichkeit

So schön, dass ihr vollzählig seid.
Jetzt geht es um Schnipsel der Unendlichkeit,
Auch Selfie genannt, und von Facebook
To facelook bekannt.
Natürlich auch in Insta, aber da ist alles finsta.
Doch mit diesem Dingsda, eben diesem Bling da,
Ach, ich meine Smartphones,
Da zerteil ich tausend Augenblicke,
Die ich direkt in eure Augen schicke.
Mit einem „Ring Ring", „Bling Bing" „Tsching
Tsching" macht dann euer Ding Ding euch klar,
Das superkalifragilistikexpialigitische Selfie ist da.
Es zeigt:
Meine Füße, deine Füße, kleine Füße, reine Füße,
feine Füße, Schweinefüße,
Kleine Grüße von meinem Strandgang,
Bilder hageln wie bei einer Pumpgun,
Kommt bei euch so krass an?

Oder nicht? Naja, ihr wart ja nicht dabei, den Sand
hat man gefühlt, überall! Gefühl kann man nicht
blicken, und beim Selfie-Schicken,
Bleiben Infos stecken.

Denn sie sind nur die Schnipsel einer Ewigkeit,
Was vom echten Leben hängen bleibt,
Kleine Reste einer guten Zeit,
Taugen nur als Zeitvertreib.

Selfies sind nur kleine Splitter.
Allein schmecken sie oft bitter.
Sie stehen nur begrenzt bereit
Und reichen nie für des Lebens Unendlichkeit.

Aber nicht vergebens, knips ich meine Fresse bevor
ich es vergesse, trotz meiner Blässe, plansch ich in
der Nässe eines Strandes.
Da die Erzählung hier so ungenügend reimt,
Garniere ich die Story mit tausend Bildern meiner
Wenigkeit, da ein Selfie dafür eindeutig zu wenig
scheint.

Versuche mit meinem Selfie-Splittern Brücken zu
bauen und dabei absichtlich nicht in die Lücken zu
schauen, die sich zwischen Klicks und Tricks auftun
wie nix.

Doch schaut, das war mein Wochenende. Senden:
Mit Twitter-Gewitter, da zitter ich bitter,
Selfie-Glitter in eure Augen.
Ich…beim Kacken.
Ich…beim Schnacken.
Ich…mit Macken von Attacken, die mich packen
und knacken, denn die Attrappen meines Lebens
schuf ich nicht vergebens.

Wenn die Menschen mich sehen beim Feiern gehen
oder beim Würstchen Drehen, kann man verstehen:
Wie wichtig mir eure Meinung ist!

So wichtig wie der nächste Klick oder mein Selfie-
Stick, bitte gebt doch nen Fick darauf, wie geil mein
Leben ist!
Sonst fühlt es sich an, als ob man daneben pisst,
wenn man im Auto in eine Flasche uriniert.

Doch egal wie viel Mist ich knips, der Scheiß bringt
doch nix, denn sie sind nur die Schnipsel einer
Ewigkeit,
Was vom echten Leben hängen bleibt,
Wie Butter zu dünn auf Brot verteilt,
Verdeckt kaum, dass man einsam scheint.

Sie sind nur Fragmente von vergangen Taten,
die ganze Geschichte lassen sie nicht erraten.
Sie stehen nur begrenzt bereit und reichen nie für
die Unendlichkeit der Gedanken.

Die bedanken sich mit Ranken, schlanken Schran-
ken der markanten, bekannten Tanten, denen wir
dann mit Selfies danken:
Für den neuen Pullover, damit sie sehen, wie wir
darin stehen und gehen.
Oder der Mutter so ganz eigen im Reigen zeigen, dass wir sicher am Reiseziel angekommen sind, wenn sie sich zuhause Sorgen macht.
Oder dem weisen, gereisten, leisen, greisen Großvater zeigen, dass man an seinen Geburtstag denkt,
auch wenn er gerade im Krankenhaus ist.

Denn, ob ein Bild hohl und sinnlos ist,
Zeigt der Intentionen übler Twist.
Ein Selfie ist so oberflächlich wie sein User,
Erscheint er auf dem Bild auch wie ein Looser,
Schaut hin, schaut genau hin, kommt tut es ja!
Will er vielleicht einfach nur seinen Papa grüßen
und das ist okay.

Nur weil viele Selfies schicken,
Um ihr Ego zu ficken
Und sich in Fame zu verstricken,
Sind beim Durchklicken
Und abschätzigen Abnicken
Nicht alle gleich. Es ist nicht alles Gold, was glänzt
und es ist nicht alles Müll, was ein Selfie ist.
Alles, du, ich, der Schall, das Licht, ob du es glaubst
oder nicht, wir sind wirklich auch nur ein Splitter
der Unendlichkeit,
Eine kleine Facette, die das Leben zeigt,
Kosmisch gesehen nur ein Zeitvertreib.

Aber das ist okay, denn worum es geht, wofür ein
Bild steht, zeigt der Wille unserer Menschlichkeit.
Denn jede Kunst, auch das hier, bleibt nur ein Split-
ter der Ewigkeit,
Der als Erinnerung uns wohl erscheint.
Ob das was Gutes oder Schlechtes bleibt,
Können wir nur selbst entscheiden,
Bevor wir mit einem Zettel am Fuß,
Auf einer Bare liegen bleiben.

Maras Führung: Tunnelblick

Nachdem uns die Blitzlichtreime der letzten Ausstellung langsam wieder verlassen, könnt ihr kurz zur Entspannung die Augen schließen.

Ich hoffe, ihr habt sie wieder geöffnet. Es ist schon interessant, wie durch Selfies und Ähnliches der Blick der Menschen immer wieder auf ganz bestimmte Dinge gerichtet wird und damit von anderen Dingen abgelenkt. Erst durch das Umblicken kann man erkennen, was es noch für Schönheiten gibt, und damit meine ich ausnahmsweise nicht mich. So sind wir, während ich euch gekonnt blind weitergeführt habe, schon beim nächsten Exponat gelandet. Wenn ihr euch vorsichtig umblickt, seht ihr in vielen kleinen Ecken dieses Raumes die Botschaft des folgenden Textes. So kann durch das Umschauen in einem Durchgang eine ganz neue Art von Tunnelblick entstehen. Es ist nicht immer alles offensichtlich oder haben Sie beim Kauf dieses Buches etwa erwartet, so eine wundervolle fiktive Begleiterin abzubekommen?

Also: Schauen Sie jetzt genau hin, damit Ihnen nichts entgeht.

Geschichten

Liebe Lesenden, ich habe etwas anzutragen.
Ich hoffe, ich werde auch den Mut dazu haben,
Es euch zu sagen.

Hier in unserem Leben
Sind wir ständig umgeben
Vom emsigen Streben
Nach Leben, Lieben und Geschichten,
Stoff für tausend und noch mehr Gedichte.
Eines doller, und voller, und tausendmal toller
Als die andern davor.
Doch beim ganzen Funkeln und Glitzern,
Und den so peinlichen Witzen,
Sitzt in winzigen Schlitzen
Unserer Realität ein Universum,
Was aus so viel mehr noch besteht.
Aus ungesungenen Liedern,
Niedergerungen Gliedern
Dringt ganz gedrungen
Auch wieder nur an Ohren und Augen,
Die auch Verstecktes mal glauben.

Siehst du den Jungen da am Schuleingang?
Auf den ersten Blick wirkt er nur einsam.
Wegen der Haut denkt man,
Dass er hier stur reinkam,
Um Quoten zu bedienen
Und das Schulimage zu schienen.

Doch hinter der offensichtlichen Fassade,
Steckt die so harsch gewichtige Ballade
Eines Jungen, der einfach nur rennt.

Seine Eltern seit Jahren schon Hartz 4 beziehen,
Muss wie ein Berserker ständig nach vorne fliehen,
Fragt sich, welche Schulnoten können ihm im Le-
ben dienen?
Sein Hirn ist immer am Summen und Brummen
Wie ein Stock voll Riesenbienen.
Dass er nicht auf Exkursion mitkann,
Muss er geschickt kaschieren.
Der Bienen wegen ist er auch ein Meister
Im Honig-um-Mäuler-schmieren.
Darf vor seinen wenigen Freunden
Auch ums Verrecken nicht sein Gesicht verlieren,
Deswegen sieht man vor Anspannung
Auch Lachkrampffalten sein Gesicht verzieren.

Doch er scheißt ganz gewaltig auf Mitleid,
Worüber er dann nur einen Witz reißt,
Und es dir zurück ins Gesicht scheißt.

Es gibt noch so viel Weiteres
Bemängelt und Gescheitertes,
Dem der Weg nach unten schon bereitet ist.

Sie sieht salopp gesprochen einfach nur gut aus,
Hat an sonnigen Tag nicht viel an,
Aber nen Hut auf.

Männer strahlen sie an,
Andere haben da Wut drauf,
Trägt jeden Tag Make-Up,
Aber damit auch Mut auf.

Doch hinter der offensichtlichen Fassade
Steckt die so harsch gewichtige Ballade
Einer Frau im Balance Akt.

Früh hat sie gelernt, dass sie gut aussehen muss,
Doch treibt man es zu weit,
Ist es mit nettem Aufsehen Schluss,
Weil sonst ihr Ruf als Schlampe draufgehen muss,
Ist jedes Gerücht darüber auch eben Stuss.

Sie muss den Spagat stehen, zwischen hübsch anzu-
sehen, Schlampe und professionell,
Und zwar im Laufen rückwärts, blind
Und im Vergleich zu Männern doppelt so schnell.

Zu Beginn habe ich von Mut geredet,
Damit ihr jetzt auch das Warum verstehet:
Jeder kann eine solche Geschichte sein, auch ich!
Doch vielleicht schreibe ich nur hier, weil ich
Angst habe bei so vielen Menschen im Publikum
zu stehen.
Weil ich es liebe meine Kunst unter Menschen zu
bringen.
Oh meine Fresse, jetzt hab ich vor Ehrlichkeit das
Reimen vergessen.

Was ich meine ist: Schaut jetzt mal nach rechts und links. Wo jetzt vielleicht nur in Dunkelheit das Smartphone-Display blinkt, da sind tausend Geschichten, die noch niemand gelesen, und ja am Ende sind sie nicht alle glücklich gewesen.

Doch auch der Dreck in den Lücken beim täglichen Ackern und Bücken kann Leben verzücken.

Scheint das Leben grausam, kalt und elend schwer,
Jede unserer Geschichten
Ist am Schluss
Das Lesen wert.

Maras Führung: Offensichtlich

Emm wurde mal gesagt, dass jeder wüsste, dass mehr hinter anderen Menschen steckt. Es wäre die Aufgabe jedes einzelnen, das nach außen zu tragen. Also ich halte diesen Menschen für eine Schnieptröte, der nur keinen Bock hat, Rücksicht auf andere Menschen zu nehmen, aber Emm hat diesen Menschen sehr ernst genommen und noch am selben Abend den folgenden Text kreiert.

Mein Urheber betrachtet es als eine Verpflichtung der Kunst, auf verschiedene Dinge hinzuweisen, welche aus dem Fokus der Menschen fallen. Dazu gehören die Einzelschicksale aus dem letzten Text, die Verantwortung der Menschheit füreinander und dem Planeten gegenüber, aber auch Käsekuchen und unliebsame Teile unserer Geschichte.
Es ist allzu oft ohne genaueres Hinsehen sehr schwierig, das Nicht-Offensichtliche zu erkennen.

Ihr habt sicher schon gemerkt, dass wir uns gerade am weniger lockeren Teil des Buches befinden. Seid gewarnt, das nächste Exponat ist tatsächlich emotional und kann schockieren.

Wir betrachten nun Emms Darstellung der Geschichte von Gewalt gegen queere Menschen.

Queere Geschichte

1. Strophe: Hirschfeld Klinik
Wir betreten nun Berlin vor gut hundert Jahren,
Um eine nicht weit bekannte Geschichte zu erfahren.
Das Institut des Dr. Hirschfeld,
Frisch und noch recht neu,
Ist pluralistischen Ideen
Und den Menschen dahinter treu.

Dort wirken er und andere
Für trans Menschen, Schwule, Lesben,
Stets für sie in der Republik,
Doch leider wirklich nicht zum Besten.
Hier wird ihnen geholfen,
Erforscht, entdeckt und neu gelernt,
Zwischen lebensspendenden OPs
Von der Zukunft noch geschwärmt.
Es werden geschrieben und gesammelt,
Werke voller Wissen,
An diesem Ort, wo sich die Neugier
Und auch Menschen öfter küssen.

Als plötzlich Bücher, Forschung, Fortschritt
Über so viele queere Leben
Wurden im fanatischen Naziwahn
Den Flammen übergeben.
In ihrer Herrschaftswut
Und dem ideologisch kaltem Streben
Löschten sie alles aus und fühlten sich überlegen.

Es blieb dann lange Stille,
Von falschem Anstand unterdrückt.
Doch ist uns ein Neustart
Im Hier und Heute schon geglückt?
Wir sind nicht so weit und wären gerne weiter.
Böse Zungen malen die Gesellschaft ständig heiter,
Wir wären doch schon tolerant
Und ach so gut erzogen.
Diese Phrase ist wie vieles, leider glatt gelogen,
Denn wir löschen Menschen aus,
Die anders leben, anders denken,
Ein grausames Gambit,
Wodurch wir uns nur selbst beschränken.

2. Strophe: Turing

Es ist Krieg.
Täglich lässt man Bomben explodieren,
Jeder sieht seine Liebsten daran krepieren,
Europa ist fest in Hitlers Würgegriff,
Fast versetzt er der Freiheit letzten Stich.

Doch in einem Dörfchen in englischen Landen,
Ist Widerstand und Köpfchen vorhanden.
Alan Turing arbeitet an intelligenten Maschinen,
Die sollen der Code-Dekodierung dienen.

Enigma verschleiert der Nazis finstere Pläne,
Doch Alan knackt sie ohne Übermut und Häme.
Er wendet das Blatt, die Alliierten können siegen,
Wir werden davon lang nichts mitkriegen.

Alan ist Pionier, er kreiert die Basis für Technologien,
Lässt die Menschheit bis heute dem Fortschritt nachziehen.
Er war ein Genie, um sein Leben weiß fast nur ein Kenner.
Warum? Alan Turing liebte als Mann eben Männer.
All seine Verdienste, die bis heute die Gesellschaft stützen,
Können ihnen vor staatlichen Strafen nicht schützen.
Einst ein Visionär, brillant und versiert,
Zur Belohnung vom Staat dann chemisch kastriert,
In den Suizid getrieben vom eigenem Land
mit einem vergifteten Apfel in seiner Hand.

3. Strophe: Kiwi Farms
Doch wir sind ja so klug und aufgeklärt.
Dieser Hass ist doch sicherlich verjährt.
Im Internet, was wir bedienen mit Maschinen
Von Turing inspiriert,
Sieht man,
Wie die Menschheit all ihre Hemmung verliert.

Kiwi Farms, ein unschuldig klingender Name,
Lässt unwissende User kaum erahnen,
Was für perfide Grausamkeiten hier ersonnen,
Nicht jeder trans Mensch ist davongekommen.
Die Polizei als Instrument, das Swatting genannt,
Denn ist Adresse und Identität bekannt,
Werden diese zum Feind, Helfer und stürmen
Des Nachts deine Wohnung mit all ihren Türen.
„Das ist doch nicht echt und nur digital."
Solch ein kurzsichtiger Fehlschluss ist häufig fatal,
Denn mit anhaltenden Terror und ständiger Qual

Stellten sie schon mehrere Menschen
Vor die unmögliche Wahl.
Weiterleben, weiter leiden für das bestraft, was man ist,
Oder wenigstens Ruhe von der Verzweiflung geküsst.
Manche sind empört, oder schauen verwundert.
Es findet immer noch statt, in diesem Jahrhundert,

Denn wir sind nicht so weit und wären gerne weiter,
Böse Zungen malen unsere Gesellschaft immer heiter,
Wir wären doch schon tolerant und ach so gut erzogen.
Diese Phrase ist wie vieles, leider glatt gelogen,
Denn wir löschen Menschen aus,
Die anders leben, anders denken,
Ein grausames Gambit,
Wodurch wir uns selbst beschränken.

So sind wir nun hier
Als Gesellschaft, Konstrukt und etwas Scheues,
Trotz vorgeschobenen Fortschritt
Gibt's auch im Westen kaum was Neues.

Die Geschichte löscht oft aus, wenn Menschen etwas anders leben, deswegen müssen wir drüber reden, das Wissen immer weitergeben.
Die Wahrheit ist unbequem und mag schmerzen, doch davon zu lernen bewahrt die Menschen und auch Herzen.
Vielen Dank für das Lesen und die Zeit, welche vergangen. Ich wünsch euch allen eine Zukunft froh und unbefangen.

Maras Führung: Neubau

Liebe an alle, die den Text durchgelesen haben.
Es ist schwierig, nach so einem metaphorischen Abriss wieder weiterzugehen, aber ich verspreche euch, dass es nicht immer so düster sein wird. Manche der noch kommenden Stücke bringen sogar mich zum Lächeln, und ich habe Mathe studiert.
Mein Humor ist ein integraler Bestandteil meiner differenzierten Persönlichkeit, quasi die Wurzel meines Charmes.

Dinge wieder aufzubauen, ist anstrengend und auch verzwickt. Die Erwartungen sind hoch und der Aufwand meist noch höher. Allerdings hat man wenigstens etwas im Kopf, wonach man sich richten kann.

Wir betreten für unseren nächsten Mummenschanz jetzt einen Saal voller Statuen verschiedener Menschen. Einige davon sind berühmt, andere sind euch wohl eher nicht bekannt. Einige dieser Gestalten sind wieder zertrümmert und dazwischen ist ein dunkelblaues Fotoalbum mit einem quietschgelben Knopf. Hier bewahrt Emm alle Vorbilder im Kopf auf.

Vorbilder

Ich will heute über etwas Umstrittenes reden. Manch einer würde mir da den Mund verbieten und mich als konservativ betrachten. Dabei spreche ich nur die Wahrheit mit Klarheit aus, aber dadurch fühlt sich eine bestimmte Gruppe immer so getriggert. Für Filme bin ich begeisterungsfähig, wie ein Eichhörnchen auf Nutella und Koks, aber eine nicht-weiße Arielle die Meerjungfrau, ein Captain America, der nicht blond und blauäugig ist, oder zwei kleine Jungen, die in Disneys seltsamer Welt verliebt Händchen halten, werfen in mir Fragen auf:

Liebe Filmindustrie, was hat das so lange gedauert? Die Menschheit ist schließlich nicht erst seit gestern bunt und divers! Es ist schon unterhaltsam, wie erwachsene Menschen auf die genannten Beispiele reagieren. Alle werden zu epochal echauffierten Expert*innen: „Meerjungfrauen leben in der Tiefsee. Sie sollten eher durchsichtig sein und nicht dunkel."
1.) Weirder Fetisch! No Kink Shaming.
2.) Es gibt auch dunkle Lebewesen dort, zum Beispiel diese geil gruselig großmäuligen Anglerfische.
3.) Arielle lebt halt nicht in der Tiefsee, sondern in unserer Vorstellungskraft. Vielleicht beschränkt sich diese auch auf RTL2 als Bildungsfernsehen.
Aber ich kann solche Menschen auch verstehen, denn es fühlt sich eben leichter an, wenn die Gestalt auf dem Bildschirm aussieht wie du. So geht es aber

eben auch Menschen mit Behinderung, autistischen Menschen, dicken Menschen, queeren Menschen und People of Colour, alle brauchen Vorbilder.

Ein Vorbild kommt vor dem Bild, was wir von uns selbst haben, denn unsere Augen sind nach außen gerichtet, nicht nach innen! In unserem Schädel ist wenig Licht, um diese metaphorische Dunkelheit zu erhellen, brauchen wir eben leuchtende Vorbilder! Weißt du, wie viel es kleinen Mädchen bedeutet, wenn die coole Eisprinzessin mal aussieht wie sie? Wenn ein junger Mann erkennt, dass die Menschen, die aussehen wie er, mal nicht die Gangster sind? Für viele ist es etwas Alltägliches, dass die Menschen, welche in diesen Geschichten triumphieren, aussehen wie sie selbst, aber eben nicht für alle. Mit einer Gehbehinderung oder Narbe im Gesicht, taugst du maximal als Bondbösewicht: „Aber Emm, Harry Potter hat eine Narbe im Gesicht." DAS IST KEINE NARBE, das ist ein Filzstiftpfeil als Ersatz für ein „protagonistisches Alleinstellungsmerkmal."

Es nimmt auch niemandem etwas weg, wenn die Hauptcharaktere plötzlich nicht mehr alle Alpinaweiß sind, denn es kann verschiedene Versionen derselben Geschichte geben. Ein gutes Beispiel dafür ist das Christentum. Das hat mich beim Schreiben selbst überrascht wie eine praktische Anwendung der binomischen Formeln. Jesus wird überall auf der Welt, wo er ans Kreuz genagelt wird, so dargestellt wie die Menschen, die ihn anbeten. Der

Messias muss eben ein Bro sein. Ich hoffe, europäische Christ*innen wissen, dass er nicht so blond-blauäugig war, wie es sich Hitler gewünscht hätte.
„Aber Emm, ich kann mir doch auch Martin Luther King als Vorbild nehmen, selbst wenn ich aussehe, wie die vom dümmsten Bauer geerntete Kartoffel.“ Ja, das kannst du, aber lass dir mal ein Erlebnis berichten: Ich gab einen Slam-Workshop für autistische Jugendliche über drei Tage. Am Ende des ersten Tages war die Stimmung im Keller und einer von ihnen sagte mir: „Emm, autistische Leute wie wir sind doch gar nicht auf Bühnen erwünscht.“ Das hatte ihnen niemand gesagt, das haben sie gelernt, weil sie keine autistischen Menschen auf Bühnen kannten. Also habe ich mich auch als autistisch geoutet und am zweiten Tag mit ihnen Videos von Anthony Hopkins geschaut und Popcorn gemampft. Sir Hopkins wurde nämlich erst mit über 60 diagnostiziert. Der Workshop war ein Weckruf für mich, als ob ich auf ein Hühnchen getreten wäre.

Seitdem versuche ich ein Vorbild zu sein für autistische Menschen, für dicke Menschen, für Menschen mit Brillen, für Menschen, die aussehen, als seien sie vom dümmsten Bauern geerntet, für euch.
Seid Vorbilder! Gönnt anderen Vorbilder, wenn ihr was besonders Cooles macht, haltet einfach mal Händchen mit jemandem des gleichen Geschlechts! Ihr wisst nie, für wen ihr damit diese Welt ein kleines bisschen leuchtender macht.

Maras Führung: Motivation

Ich bin immer wieder überrascht, dass in dieser Halle nicht nur irgendwelche Superhelden in Strumpfhosen stehen. Nichts gegen fiktive Charaktere als Vorbilder, aber die geistige Gesundheit von Batman ist einfach kein gutes Vorbild. Aber als Ansporn taugt dieser Schlüpferschleicher von Milliardär zumindest doch, denn er bleibt dran.

Es heißt, für ein gutes Gedicht braucht man 1000 Schlechte. Vielleicht ist das nächste Schauwerk auch genau deswegen recht weit weg von Lyrik. Es war meines Schöpfers erstes Prosawerk nach drei Jahren ausschließlich Reymerey und Narretey. Es wurde öfter von Zuschauer*innen angetragen, dass es eine große Menge an Talent braucht, um so schreiben und vorzutragen zu können.
Emm hat früh im Leben genuschelt und ist eigentlich ein sehr schüchternes Exemplar, deswegen lässt er mich euch Lesende bespaßen. Doch durch viel Übung konnte der lispelnde Mensch die ersten Schritte auf Bühnen machen, obwohl sie durch die Innenohrstörung noch leicht schwankend sind.

Auch ich wurde nicht an einem Tag geschrieben. Viele Entwürfe und Gedanken sind in meine Persona geflossen – auch ein paar Dichterlingtränen.

Talentfrei

Ta·lent

Substantiv [das]; Eine bestimmte große Fähigkeit für etwas, die jmd. nicht durch Lernen oder Ausbildung erworben hat, sondern bereits von Geburt an besitzt.

BAM!

Das ist es.

Deine Grenze, dein Limit, deine Beschreibung, dein Talent. Jeder bekommt eine Portion. Manche klein und manche groß. Manche sind fett vor Talent, manche fett, weil sie aus fehlendem Talent Frustfressen betreiben und manche sind nicht fett aus tausend anderen Gründen.

Du wirst geboren mit Talent, nur reicht es oft nicht aus, aus der Sicht derer, die mehr davon haben. Spiele die Hand, die dir das Schicksal ausgeteilt hat. FICK DICH! Ich nehme meine Hand und male bunte Bilder auf die lauter wertlosen Zahlenkarten beim Pokerspiel des Lebens und sage: „Royal Supersayajin DU BIST TOOOT, denn diese Hand ist OVER 9 THOUSAND Chips wert!"

Dann setze ich mich und stelle fest, dass ich leider meine Buntstifte vergessen habe. Apropos Buntstifte, wenn ein Mensch ein wundervolles Werk der Kunstrichtung Pointillismus erblickt (Pointillismus, das sind ganz viele kleine Punkte, die dann vom Weiten ein Bild ergeben, aber von Nahem eher unscharf wirken, quasi Mega-Pixel bevor es Digit-Cams gab) und sich wundervoll daran ergötzet und erquicket, könnte er sagen: „Oh, wahrlich ein Kunstwerk, das mich erquicket und ergötzet. Der Künstler hatte aber Talent.“

PUSTEKUCHEN! Talent am Arsch! Dass der Künstler zehn Leinwände, 20 Liter verbrauchte Farbe, 30 Liter Schweiß und Blut und fünf täglich zur Verfügung stehende männliche und weibliche Prostituierte brauchte, um sich dieses „Kunstwerk“ aus den Rippen zu leiern, will niemand sehen.
Warum will das keiner sehen? Weil wir alle faule Säcke sind! Es ist bequemer zu sagen: „Gugg mal, der da vorne kann ganz doll laut brüllen und Leute beleidigen, der hat da wohl Talent für!“
NEIN! Ich habe das geübt! Leute beleidigen und Brüllen sind Dinge, die mir nicht in die Wiege gelegt wurden. Meine Mutter denkt bis heute, ich wäre ein stiller, höflicher, junger Mann, weil ich erst mit vier angefangen habe zu sprechen. So kann man sich irren! *An dieser Stelle: Entschuldige Mama, du musstest es ja mal erfahren.* So sieht mein tägliches Training nur für DIESEN einen Text aus:

Jeden Tag stehe ich auf, pöbele erst einmal meine Mitbewohner an, was für ekelhafte Müslisorten sie sich kaufen, während ich sie ihnen wegfresse.

Mittlerweile kaufen sie deswegen nur noch ekeliges Kleie-Müsli. Jedes Mal, wenn die Bahn „Hupt", um bei unbeschränkten Bahnübergängen zu warnen, brülle ich so laut zurück, dass der Bahnführer aus Angst die Notbremse zieht UND aus dem Fenster springt. *hui*
Jedes Mal, wenn jemand laut irgendwelche dämliche Musik in der Straßenbahn hört, dann führe ich mit ihm eine Diskussion über Musikrichtungen und Kunst im allgemeinem und unterbreite ihm die Schönheit des Pointilismus.

Ja, wir spielen alle mit der Hand, die der Super-Saya-jin in unserem Genpool ausgeteilt hat, aber wie wir damit spielen, das entscheiden wir.

Wen es interessiert, ich spiele mein Leben so: Ich veranschauliche euch unrealistische Erzählungen von Übungen für Slam-Texte, weil „mit nem Korken im Mund sprechen" nicht so badass klingt, wie Brüllen und Zugführer erschrecken.
Dabei bin ich wie Pokémon Go und Nimm 2 zusammen: ein Flashback aus deiner Kindheit und ausgelutscht.
Ich bin auch wie der Pointilismus: von Weitem geil von Nahem eher unscharf. Ich bin Bühnendichter, obwohl ich erst mit vier Jahren sprechen gelernt habe, denn ich habe seitdem einfach nicht mehr damit aufgehört.

Wisst ihr, es soll jetzt auch nicht jeder alles können und machen. Wir sollten nur mehr erkennen, dass hinter vielen Dingen einfach Arbeit und Mühe steckt, so dass wir nicht alles mit „Talent" erklären müssen. Die meisten haben eben geübt, genauso wie ich das Brüllen.

Ich habe diesen letzten Satz über 20-mal gelöscht und neu geschrieben, gelöscht und neu geschrieben... Ihr wisst, wie es weitergeht. Um ein Bild zu finden, wie viel Mühe man sich für solche Texte gibt. Anschließend las ich den Text zum Üben einem Passanten vor, der gerade mit mir in der Bahn saß, dieser sagte danach: „Wow, du kannst großartig schreiben. Du hast wohl Talent."
Der hatte aber sehr gut aufgepasst.

Maras Führung: Übung klebt wie Kleister

Ich finde, dieser Bereich der Galerie riecht immer ein wenig nach Dichterschweiß, das Parfüm aus Zweifel und kindlichem Gemüt. Es schadet nicht, sich ab und an daran zu erinnern, dass die meisten coolen Sachen, die ihr lernen wollt, ein wenig Mühe brauchen. Für mich gilt das nicht. Ich wurde perfekt so ersonnen, wie ich sein soll, hoffe ich zumindest.

Es gibt Menschen, die üben eine Sache auch einfach sehr hartnäckig, gerade weil andere Menschen behaupten, sie hätten keinerlei Begabung dafür. Die Hand, deren Feder mich schuf, gehört einem solchen Menschen: Fahrradfahren wurde geübt, bis die Knie bluteten. Das Betreten der Bühne, selbst gegen die bereits erwähnte Soziophobie, wurde antrainiert. Auch der Versuch, Menschen zu erheitern, wird wegen gewisser Voraussetzung als ein Ding der Unmöglichkeit für Emm betrachtet. Ich für meinen Teil lache notgedrungen mit Emm und nicht über seine Werke, aber es soll Publikum gegeben haben, welches von dem folgenden Schriftwerk wirklich angetan war, ja, sogar lautes Kichern war zu hören.

Was wurde dafür geübt!
Es gibt auf Emms Laptop Dateien mit hunderten von Wortwitzen, die aus Gründen der nationalen Sicherheit nie veröffentlicht werden.

Lachsen Lehren

Als autistischer Mensch, der eine Abneigung gegen ungekochte Speisen hat (*Ihh-Roh-Nie*) und den Höhepunkt der Bestattung nicht versteht (*Sarg-Gasmus*), stellt sich mir eine Frage: Wie bringt man Menschen zum Lachen, Flachsen, Lachsen, Kichern, Schmunzeln, Glucksen, Gackern, Beömmeln, Bepissen, Bepimmeln oder zum Bevulvieren?

Am Anfang schien mir das schleierhaft, als wäre ich eine Braut vor der Hochzeitsnacht. Lachsen Sie mich erzählen, wie ich auszog zu lernen euch das Lachsen zu lehren: „Lachs dich inspirieren", dachte ich mir und ich versuchte vom größten meiner Zunft zu lernen, vom berühmtesten Poetry Slammer der Ga-lachs-is: Lachs Ruppel. Falls Sie ihn nicht kennen, er ist im Slam echt berühmt. Doch berühmt im Slam ist wie gutes Bier zuhause brauen. Schon sehr cool, aber nicht jedermanns Bier.
Meine Recherche brachte mich auf diese brillante Schöpfung von ihm, so glänzend und elegant, wie der geölte Bauch eines bierbäuchigen Strippers: Was ist schwarz, gelb und betrügt beim Kartenspielen? *Eine Schummel.*
WORTWITZE! Witze mit Worten, das war die Lösung! Ich bin doch ein Dichter, ein dreist denunzierender diebstählender Dichter! So kann ich der witzigste Dichter aller Zeiten sein. Ich stelle mich einfach vor mein Publikum und lachse es rollen:

Was ist schwarz, gelb und schlecht drauf?
Die Grummel.
Was ist schwarz, gelb und singt Bass?
Die Brummel.
Was ist schwarz, gelb und begrabscht?
Die Fummel.
Was ist schwarz, gelb und sehr breit?
Die Pummel.
Was ist schwarz, gelb und sehr kurz?
Die Stummel.
Was ist schwarz, gelb und fährt Karussell?
Die Rummel.
Was ist schwarz, gelb und lässt sich viel Zeit?
Die Bummel.
Was ist schwarz, gelb und dick eingepackt?
Die Mummel.
Was ist schwarz, gelb und enthält ungesättigte Fettsäuren?
Das Hor-Nüsschen.

Es versprach, alle zum Lachsen zu bringen, selbst die Sekretär*innen der Comedy-Zulachsungsstelle! Doch oh Unheil lachs ab von mir! Niemand konnte es ahnen, die Reaktionen waren ziemlich lachs und langweilig.

Ich versuchte es weiter mit Klangmalerei:
Lila Lindwürmer lieben lesbische Lapplandlachse, lange lodernd und Lasziv!
Ich versuchte es mit dem Verstellen meiner Stimme:
(hoch, wie Micky Maus)
„Luke, ich bin dein Vater!"

(tief, sexy wie Darth Vader)

„I´m Barbiegirl in a Barbie world"

„Lachs das! Lachs das!", war das Einzige, was ich als Reaktion bekam. Doch ich konnte nicht von diesem mir so wichtigen Unterfangen ablachsen! Ich wollte beweisen, dass auch ein Ironie-freier Bürger wie ich andere zum Lachsen bringen kann.

Meine These war, dass auch Autist*innen wie ich andere zum Lachen bringen können. Die Methode war das Einfügen von Lachsen in einen Text.
Warum der Lachs?
Beim Brainstormen flunderte ich mich, meine Gedanken hechteten hin und her. Ich kam ins Muscheln. Alle Vorschläge rochen fischig, ich wusste nicht was zu Thun-fisch. Auf der Suche begann ich auf dem Zahnfleisch zu robben, kein geschriebenes Wort wirkte tintenfrisch. Ich dachte schon ich See-Stern. Ich fühlte mich wie ein See-Arsch, alle guten Ideen schienen Ver-Scholle-n. Ich schien delphintief am Ende, doch dann konnte ich die Lösung endlich zulachsen!
Unter Umständen haben Sie gerade über Witze eines ironie-freien Autisten gelacht, das macht Emm bestimmt glücklich wie einen Lachs beim Laichen.
Was lernen wir daraus? Wenn wir es zulachsen, kann ein autistischer Mensch andere zum Lachsen bringen. Ich bin hiervon echt müde. Ich gehe gleich ins Bettchen und werde mich dort niederlachsen.

Maras Führung: Die Karotte

Jetzt fragen manche von euch ausdauernden Leistungslesenden sicher: „Wofür übt der Mensch eigentlich so viel?"
Man könnte sagen, es sei der Job eines jeden Dichterlings, aber da ich ein Teil des Hirnes bin, welches sich all das hier ersinnt, weiß ich es ein wenig besser.

Die Karotte, natürlich karamellisiert und in Curry geschmort, die hier als Ansporn dient, ist die Fähigkeit, Menschen unterhaltsam etwas Neues zu zeigen, sodass sie mit einem Lächeln lernen. Das ist fast so süß wie die eben beschriebene Rübe. Viel Zeit ging ins Land, bis erste Texte geschrieben wurden, die zumindest ansatzweise diesem Anspruch gerecht waren. Viele davon habt ihr schon durchgelesen und ein paar kommen noch.

Das Thema hat keinen besonders schönen Ursprung, allerdings ist ein Teil des Ziels auch die Fähigkeit zu erwerben, aus negativen Erfahrungen etwas Positives zu kreieren.
Haltet euch fest, denn wir sind auf der Zielgeraden und da werde zumindest ich immer ganz euphorisch auf mein Feierabendbier.

Rotkäppchens Reaktionen

Liebe Menschen, Existenzen und auch Leute aus der FDP, seien Sie gegrüßt. Wir werden heute mal die gute Laune kanalisieren. Ich habe dafür das passende Thema dabei: Trauma-Reaktionen! Falls Sie nicht wissen, was das ist: Trauma ist, wenn Ihnen eine dauerhafte emotionale Wunde zugefügt wird. Beispiel, wenn Sie als Kind oft mit einem Pokémon Skateboard verprügelt wurden, dann war der Detektiv-Pikachu Film für Sie die Hölle.

Ich finde, das Trauma ein ernstes Thema ist. Es kann von nahezu allem ausgelöst werden: Einhörnern, Ananas-Pizzas und Pikachu. Meist sind die Auslöser aber weniger schön.

Es ist also schwer einzuschätzen, was Menschen triggern kann, aber was Trauma von „Mag ich nich, Digga" unterscheidet, sind die Trauma-Reaktionen. Es ist, als ob eine reale physische Gefahr im Raum wäre: ein Bär, ein Wolf oder Christian Lindner.

Hier die Namen der Reaktionen, ohne Gewähr auf Vollständigkeit, denn diese Wissenschaftler*innen forschen manchmal einfach krass fix: Fight, Flight, Flop, Freeze, Fawn, Fib, Funster.

Ich werde Ihnen diese Reaktionen an einem klassischen Beispiel deutscher Konfliktkultur näherbringen: Rotkäppchen und der böse Wolf!

Beginnen wir nun mit dem Klassiker **Fight**: Rotkäppchen erkennt den Wolf, zieht ihre Boxhandschuhe hervor und stürzt sich mit einem „Mortal Kombat" auf ihn und wird gefressen. Anschließend gönnt sich der Wolf eine Siegesdusche mit dem von Rotkäppchen mitgebrachten Rotwein. Kämpfen heißt nicht automatisch gewinnen!

Nun kommt **Flight**, Fliehen/Zurückschrecken: Rotkäppchen erkennt den Wolf und lässt alles stehen und liegen, sogar ihren namensgebenden roten Umhang, den der Wolf als Serviette für das Verschmausen der Großmutter verwendet. Und er gönnt sich als Absacker den Pinot Noir von Aldi.

Wir betreten nun ein weniger bekanntes Gefilde: **Freeze**, das Erstarren der eigenen Muskulatur: Rotkäppchen erkennt den Wolf und bleibt stehen. Ansonsten passiert nichts. Nach einigen Minuten schlürft der Wolf die Pulle roten Rebensaft, erinnert sich daran, dass bald Sommer und sein Wolfkörper schon leicht kreisförmig ist. So überlebt Rotkäppchen aufgrund unrealistischer Wolfkörperschöneitsidealen.

Flop ist die nächste Reaktion, das ist wie Freeze nur für Flundern. Man entspannt den Körper und liegt einfach da. Wie ich es nenne: klassischer Arbeitstag. Rotkäppchen erkennt den Wolf und plumpst auf den Boden, direkt in einen Hundehaufen. Der

Wolf ist überrascht und fragt: „Hast du dich festgeklebt, du Klimaaktivistin?" Der Wolf hat übrigens braunes Fell. Sie würde nichts antworten und der Wolf würde sie liegen lassen, weil er nun mal nicht auf Kotgeschmack steht, dafür aber anscheinend auf Pinot Noir aus dem Aldi, denn den kippt er wieder in sich rein.

Fawn oder auch das Umschmeicheln:
Rotkäppchen erkennt den Wolf und sagt: „Oh Großmutter, was trägst du nur für ein cooles Dragoutfit. Es schmeichelt deinen Augen und dein Fell glänzt wie die Dollarzeichen in den Augen von Elon Musk." Der Wolf freut sich zwar, dass endlich jemand die Mühen seiner Drag-Kunst wertschätzt, kann aber nicht mit Komplimenten umgehen, frisst das Rotkäppchen und vergisst vor Scham sogar den Rotwein von Aldi.

Fib, das Vortäuschen:
Rotkäppchen erkennt den Wolf und holt sofort ihr perfektes Mama-Wolfkostüm aus dem Korb: „Junger Mann, ich habe dich Besseres gelehrt, als mit den Kleidern deines Essens zu spielen. Ab auf dein Zimmer!"
„Aber Mama", kauft der Wolf es ihr ab, weil er zu viel Rotwein intus hat.
„Willibald-Walter-Werner-Wulfrin-Wolfgang von Fuchskotze, ab auf dein Zimmer!" So lebte Rotkäppchen weiter als Mutter des Wolfes, denn das

Kostüm war aus deren Originalpelz gefertigt. Ja, auch Rotkäppchen können Täterinnen sein.

Die letzte Reaktion: **Funster**, Witzchen reißen! Rotkäppchen erkennt den Wolf in so vielen Dingen wieder: in Menschenmengen aufgrund von Mobbing in der Jugend, Bahnunterführungen, weil dort mal schlimme Dinge passiert sind, und in Rotwein, weil Rotkäppchen vielleicht mal Probleme mit Alkohol hatte. Rotkäppchen legt das Cape ab, schreibt diese Worte, geht damit auf eine Bühne, macht Witze über Traumreaktionen und stellt sich als Emm Weyrauch vor.

Jetzt sind mir vor Aufrichtigkeit die Witze ausgegangen. Traumareaktionen sind leider selten unterhaltsam. Ich hoffe, ihr habt ein wenig dazu gelernt, vielleicht auch gelacht und könnt nun besser einschätzen, warum sich die Menschen in eurem Umfeld manchmal etwas ungewöhnlich verhalten. Vielen Dank für eure Aufmerksamkeit.

PS: Wenn hier jemand jagdkundig ist: ich muss meine Großmutter noch aus einem Wolf rausschneiden. Leicht zu finden, er trägt Drag und riecht wie eine Kelterei.

Maras Führung: Unausgesprochen unangenehm

Jedes Mal, wenn ich mir Emm als Rotkäppchen vorstelle, muss ich einfach lachen. Ein 1,90 großes Rotkäppchen ist nicht die klassische Größe.
Aber Rotkäppchen kommen in allen Formen und Größen vor, ebenso wie die Dinge, die sie traumatisieren. Es ist schon gut zu wissen, wie Betroffene darauf reagieren, gerade weil es manchmal schwierig ist, explizit zu sagen, was den Menschen passiert ist.

Ich hoffe, dass unsere Galerie euch bisher nicht geschadet hat. Nun ist auch fast das Ende dieser Reise erreicht. Die Vollzähligkeit aller Lesenden bis hierhin macht mich sehr glücklich. Jetzt ist es Zeit, noch einmal Platz zu nehmen und den nächsten Text entspannt über euch ergehen zu lassen.

Manchmal ist es schwer zu sagen, was einem Leid bereitet, aber genau darum geht es gleich: über das Trauma sprechen, auch wenn es schwierig ist, genau zu benennen, was uns passiert ist, denn Kommunizieren ist ein Weg besser damit klarzukommen.
Ich habe gehört, dass das auch eine der Hauptmotivationen für Emms Lyrik ist, nicht nur dieser hier.

Axt und Baum

Die Axt kann vergessen,
Doch der Baum ist gezwungen sich zu erinnern.

1. Strophe: Axt und Baum

Es gibt Menschen, sehr vielschichtige verschiedene,
Manche von ihnen gehen, manche sind Gebliebene,
Andere sind beides gleichzeitig,
Geschehenes ist selten einseitig.

Ich war einst selbstbewusst
Wie ein hochgeschossener Baum.
Denke ich heute dran,
Wirkt es wie ein verflossener Traum.
Der Grund für meiner Jugend harter Last
Warst du getarnt als üble, kalte Axt.

Metaphorisch spreche ich hier von mir als Pflanze,
Genauer ein Baum der von deiner Axt gefällt,
Die stoppte, wie ich einst durchs Leben tanzte,
Das Ende einer ganzen Welt.

Ich fühlte mich wohl,
Das Leben war voll Sonnenschein,
Du kamst zu mir, scheinbar höflich und freundlich,
Ließ ich dich und deinen Stahl in meine Wonnen ein.

Was das mich kostete,
Spürte ich später überdeutlich.

Erst war es harmlos, nur viele kleine Schläge,
Kaum zu merken und so leicht zu ertragen,
Zermürbten mich, machten meine Launen träge,
so dass mir nichts mehr blieb als das zu beklagen.

Denn eine Axt, sie schlägt den Baum,
Der Baum steht nicht mehr, er fällt,
Die Axt bemerkt es kaum,
Für den Baum endet die Welt.

Sein Gedächtnis besteht fort in seinen Jahresringen.
Kann neues Wachsen nach diesem Schlag gelingen?

2. Strophe: Holz verarbeiten
Aus dem wachsenden Waldwunder wurde hartes,
herbes Holz.
Düstere Eindrücke lösten ab naiven Stolz.
Ja, was sollt ich nun neu werden,
Nachdem Wachsen mir verwehrt,
Vielleicht ein schweres Eichentor,
Was das Eindringen erschwert?

Es lassen sich des Baumes Reste
In so viele Formen bringen,
Doch fehlte das Motiv,
Es ist nicht zu erzwingen.
Der Schmerz,
Ließ den Hass in meinen Stamme dringen.
Ein Lied
Aus Verzweiflung tief in mir erklingen:

Eine Axt hat einen Holzgriff,
Ohne Griff kann sie nicht schwingen.
Warum sollte dir als Holz jetzt nicht das Folgende gelingen:
Zieh dir eine Kappe aus Stahl und Wut herüber.
Wärest du in diesem Leben denn nicht lieber
eine Axt, die verletzt, statt selbst verletzt zu werden?
Gut geölt hältst du fast ewig und nicht nochmal sterben.

Es bebten die Gefühle im abgestorbenen Leib,
Ein stummer Krieg, der in Verzweiflung treibt.
Es wäre doch so einfach,
Selbst in Wut nur zuzuschlagen.
Endlich wäre man selbst sicher,
Keine Ängste zu beklagen.

Denn eine Axt, sie schlägt den Baum,
Der Baum steht nicht mehr, er fällt,
Die Axt bemerkt es kaum,
Für den Baum endet die Welt.

Was schaffen wir aus den Resten,
Die nach dem Sturz uns bleiben?
Wir hoffen, dass zum Besten,
Nicht nur Angst und Wut uns treiben.

3. Strophe: Das Stuhlbein

Es sind Jahre nun vergangen,
Seit ich kein Baum mehr bin,
Nach dem die erste Wut verronnen,
Fand mich ein Sinn.

Ich bin einer von den vieren,
Die den Stuhl zu stehen bringen.
Durch die Arbeit der Gemeinschaft
Kann Stabilität gelingen.

Fast wär ich vom Geschlagenen
Verwandelt zum Schläger.
Jetzt als Stuhlbein bin ich ein verlässlicher Träger,
Der Gewichte, welche anderer die Tage beschweren,
Ich kann ihnen so Rast und Ruhe stets gewähren.

Denn wenn die Zeit kam, ich war gebrochen,
Hat mir die Wut Linderung versprochen.
Doch gab es mehr Pfade als das Hacken.
Trotz viele Jahre voller Macken
Mag ich das Stützen hier nicht missen,
manch einer mag das Glück nie wissen,
Wenn man andere erhebt und unterstützt
Und nicht nur dem eigenen Treiben nützt,
Kann auch Gebrochenes sich neu erfinden,
Neu an das Lebens Freuden binden.

Denn eine Axt, sie schlägt den Baum,
Der Baum steht nicht mehr, er fällt,
Die Axt bemerkt es kaum,
Für den Baum zerspringt die Welt.

Und du als Axt hast so gar nichts verinnerlicht.
Doch in mir der Baum,
Ja der Baum, der erinnert sich.

Maras Führung: Sehen, wie Lyrik gemacht wird

Natürlich ist die Sache mit dem Stuhl auch eine Metapher, denn ohne Finger wäre das Verfassen dieser Zeilen zwar ziemlich komplex, aber nicht unmöglich. Dieses Werk zeigt sehr deutlich, wie aus einer unangenehmen Zeit eines unserer Ausstellungsstücke geworden ist. Es spricht ja selbst davon, eine Metapher zu sein.

Sie hören sicher schon während der ganzen Tour immer wieder Geräusche von ganz unten. Das ist die Stelle, an die wir uns jetzt endlich hinbewegen. So war es gerade eben sehr offensichtlich und direkt – das Leid, aus dem unser nächstes Werk geschlüpft ist, ist nicht so einfach zu erkennen. Es war eine sehr unangenehme Zeit, dunkel und ohne viel Zuversicht. Der nächste Text ist all dies nicht und die meisten Zuschauer*innen haben noch nicht die Motivation hinter ihm kennen lernen dürfen. Es fügt sich dabei wieder in die Idee hinein, aus Schmerz etwas Positives schaffen zu können. Viele würden sagen, Emm ist bei „Gedankenbiber" deutlich über das Ziel hinausgeschossen, aber vielleicht macht ihn genau dies zu einem so wertvollen Ausstellungsstück, was so kurz vor dem Ende unserer gemeinsamen Erkundung gestellt wird.
Genießen Sie, was Sie können und wollen!

Gedankenbiber

Es war einst ein Dichter. Vor nicht wenigen Tagen
Kämpfte dieser gegen eine Schreibblockade.
Es war höchst verfahren, half nicht Schokolade,
Und auch keine Brigade bracht ihn aus der Lage,
Keine Feder zu schwingen.

Doch nur leere Blätter? Ja, das tat ihm stinken
Und er drohte vor Kummer in Gin zu ertrinken,
Denn Bar jeden Geldes waren auch seine Taschen,
Sein Tisch trug als Dekor auch nur leere Flaschen.

Doch er schlug sie zur Seite und griff zur Feder:
„Pah ein Gedicht schreiben, das kann doch jeder!",
Sprach er zu sich, seinen Kinnbart sich reibend,
So fasst sich ein Herz und begann zu schreiben.

Nach Kritzeln und Kratzen und genüsslichem
Schmatzen am letzten Gin, noch übrig geblieben,
Stand nach langer Arbeit das hier geschrieben:
Barbäuchige Bierbauchbiber baggern brunftig bei braven
Biber Brünetten beim Biberacher Baggersee.
Der Poet war verblüfft, vollkommen erstarrt.
Als hätt die Blockade sich mit Unsinn gepaart.
Da wäre ein Schreibstopp ihm tausendmal lieber
Als ein Zungenbrecher so ganz voller Biber.

Nicht von Bibern und Dämmen wollt er berichten,
Sondern eher von Trump, der wollt ne Mauer errichten,

Von Männern, die Frauenwerk ungerecht gewichten,
Von Diktatoren, die zornig Menschenleben vernichten.

Das Herz war voll dieser Sehnsucht im Leben,
Die Herzen der Menschen kritisch zu bewegen
Auf Nestlé, AfD, diese Schurken hinweisen,
Die arglose Menschen gar redlich bescheißen.

Er rafft sich die Ärmel hoch die Ellenbogen,
Jetzt wird was geschrieben, auf Politik bezogen.
Dieses Mal ohne Nonsens und Kladderadatsch,
Etwas mit Inhalt aufs Papier geklatscht:
Barbäuchige Bierbauchbiber baggern brunftig bei barbusigen
Biber Blondinen beim Bumsbacher Baggersee.
Da waren sie wieder die brunftigen Biber,
Dabei wäre es dem Dichter doch wirklich lieber,
Über das zu schreiben, was nicht Lenden,
Sondern Herzen bewegt.

Wenn die Gedanken sich zu Worten kreisen,
Dann in ganz vielen kleinen leisen
Wundern sich zum Ohre winden
Und dort drin im Herze finden

Die Stellen, an denen sie gut passen,
So lässt sich leicht an selbes fassen
Den Mut und Schwung zusammennehmen,
Sich gemeinsam dann im Kuss ergeben.
Ja, Romantik war des Geistes Speise,
Welches auf bestimmte Weise

In seinem Schopfe gar nicht leise
Sich nun als Schrift hoffentlich aufs Blatte legt!
So zuckte die Schreibhand gleichsam schon wieder
Und schrieb herzbewegt Folgendes nieder:
Dododödel decken dienliche dicke Deiche diesseits Dänemarks.
Er war zwar schon immer ganz gut zu Vögeln,
Doch haben Dichter nichts übrig für Dododödel.
Es ist nun so weit, die letzte Erde verbrannt,
Er ergreift nun ganz angespannt

Die Flaschen des Gins, die vor ihm noch stehen,
Steht auf, und im Flackern die Kerzen sie wehen,
Er formt einen Kreis aus dem Blut eines Tofus,
Und löst darin ein dämonisch Sodoku.

„Oh Götter des Schreibens", fleht er zum Himmel,
„Bei Lovecraft, Tolkien, Goethe und Simmel,
Lasst Silben, Worte und Sätze es regnen,
Wo sich Prosa, Lyrik und Wortwitz begegnen.
Ich opfere euch Seele, Blut und den restlichen Gin,
Aber bitte sagt: „Du kriegst noch was Richtiges hin."
Lasst all euer Sehnen, Wehnen und Leben,
Mir Schwung und Elan in die Schreibhand nun geben."

Er brüllte und kippte rasch einen Gin
und klang dabei wie völlig von Sinnen.
Mit glühendem Herzen begann er zu schreiben
Sein bestes Werk aller Zeiten:
*Fünf frivol feixende ficke Füchsinnen fertigen feministisch
fingierte Fickfilmchen für Finnen, Finninnen und Biber.*

Maras Führung: Feierabend

Ich rieche besser als Rügenwalder!
Nach der neurotisch, nörgelnden, nichtsnutzigen Nagetierattacke sind wir mit dem Hauptteil unseres Unterfangens durch. Ich bin wirklich freudig überrascht, dass ihr tapferen kleinen Kakadus es wirklich alle bis hierher geschafft habt. Da habe ich als Galerieführerin wohl einen exzellenten Job gemacht! Aus Respekt muss ich zugeben, dass eure Neugier und euer Lesedrang wohl auch eine gewisse Rolle gespielt haben oder ihr habt das ganze während einer ausführlichen Badezimmersitzung gelesen.

Als Belohnung für eure Ausdauer bekommt ihr nun erneut die Ausnahme der hier aufgeführten Regeln: Ein Text nur für euch, nur für dieses Buch. Er war und wird nie auf einer Bühne vorgelesen werden, es sei denn jemand zahlt sehr gut dafür. Emm ist, wie es sich für Dichterlinge gehört, nicht wirklich wohlhabend. Ich für meinen Teil möchte mich dafür bedanken, dass ihr mir mit eurer Fantasie Leben außerhalb dieser Buchdeckel geschenkt habt, egal ob ich für manche klein und süß, groß und süß oder verwegen und süß gewirkt habe. Als Ausgeburt von Fantasie bin ich sehr gerne all das für euch gewesen. Die Tour ist jetzt vorbei und jedes Wort hier drin war echte Handarbeit. Als Genuss zum Abschied bekommt ihr jetzt noch etwas:

Dank-Arbeit

Wir sind hier! In diesem Moment, in dem Mensch erkennt, man hat so viel verpennt, bis man selbst flennt und man zum Kuschelentchen rennt!

Was wir verpennt haben? Wir sind nicht grundlos hier. So viele Dinge sind dominokettengleich aneinandergereiht, wirkt auch manches sinnbefreit, ob allein, ob zu zweit, ob im Frieden oder im Streit, ob mit Karl-Heinz oder Adelheid.

Ich stehe hier, schwitzend, flitzend, witzelnd im Scheinwerferlicht und fühle mich scheinwerferlich dankbar. Also verrichte ich für die Dankbarkeit heute ein wenig Dank-Arbeit! Bei der man nicht die Wand an schreit, sondern Geschriebenes vorträgt, wie von Handarbeit.

Ich bin dankbar… für Mikrophone, Xylophone, Honigmelone, Limabohne, Salzzitrone, Bienendrohne, Käsekrone, Lesezone, Stilikone, Silikone, Dollyklone, Abalone, Anemone, Diakone, Kanone, Ketone, Klingone, Isophone, Isochrorne, Kantone, Neurone, Altrone, Marone, Pylone und sogar manchmal oben ohne. Viele Worte, der Inhalt wird nachgeliefert: Ich bin dankbar, dass ich gesund bin. Ich bin dankbar, dass ich trotz chronischer Krankheit aus meiner Kindheit nicht an die Dialyse muss. Ich bin dankbar, dass wir ein Gesundheitssystem haben, was funktioniert. Ich wäre dankbarer, wenn Geld darin eine kleinere Rolle spielen würde und noch dankbarer, wenn alle Menschen so etwas hätten.

Ich bin dankbar für Kuchen, Kirschkuchen, Karottenkuchen, Kefirkuchen, Quarkkuchen, Kümmelkuchen und Käsekuchen! Ich bin dankbar dafür, dass ich noch nie mehr als einen halben Tag hungern musste, ich wäre dankbarer, wenn gar keine Menschen mehr hungern müssten.

Ich bin dankbar, dass trotz Rassismus, Sexismus, Lookismus, Ableismus, Antisemitismus, Antizyganismus, Transfeindlichkeit, Homofeindlichkeit, Queerfeindlichkeit, Bodyshaming und allgemeiner Arschlocherei es Menschen gibt, die dagegen angehen. Ich wäre noch dankbarer, wenn es gar nicht mehr nötig wäre.

Ich bin dankbar dafür gratis Schulbildung bekommen zu haben und hoffe, dass sie bei mir nicht umsonst war. Ich habe emotionale Episoden von Grattitüde, dass ich studieren konnte, obwohl meine Eltern das nie haben. Ich hätte mehr solcher Episoden, wenn Wohlstand des Elternhauses bei der Bildung nicht so eine große Rolle spielen würde. Am dankbarsten wäre ich, wenn Bildung frei zugänglich wäre.

Ich bin dankbar für Klamotten, damit ihr mich nicht nackt sehen müsst. Ich bin dankbar für

Klamotten, damit ich euch nicht nackt sehen muss. Ich bin dankbar für Klamotten, sodass wir entscheiden können, wer uns nackt sehen darf. Ich bin dankbar für Klamotten, weil die manchmal so coole Bildchen von pupsenden dicken Einhörnern draufhaben und diese kleinen gedruckten Lichtblicke mir helfen in dem desaströsen Multitrack-driftendem Zugunfall, der sich Leben nennt, nicht vollkommen den Verstand zu verlieren. Pupsende Einhörner sind toll! Ich bin dankbar für Motten, die jene Kleidungsstücke, die wir vergessen haben, in neues Leben verwandeln können.

Ich bin dankbar dafür, dass, wenn ich Scheiße gebaut habe, das Leben weitergeht. Ich bin dankbar, dass ich aus meine vielen, vielen, vielen, vielen Fehlern lerne. Ich wäre dankbarer, wenn das manchmal nicht so lange dauern würde.

Ich zerfließe vor Dankbarkeit dafür, dass ihr mir gerade so lange zugehört habt. Wer mag, kann sich dafür noch etwas Dankbarkeit privat abholen. Die kann man einfrieren und für schlimme Tage aufsparen.

Ich bin dankbar, dafür dass ich die Worte gefunden habe, meine Dankarbeit zu vermitteln, um Danke zu sagen, und zwar: Euch liebe Lesenden oder Ihnen, wenn da jemand das Siezen bevorzugt.

DANKE für das Lesen dieses Buches!

Buchempfehlungen

Themenbände – originell auf den Punkt

In unseren Themenbänden geben mit die besten Poet*innen
der deutschsprachigen Slamszene ihre Gefühle, Ideen, Erfahrungen, Utopien und Meinungen zu bestimmten Themen
preis. Ob lyrisch oder prosaisch, ob nachdenklich oder humo-
ristisch, auf jeden Fall lesenswert.

Themenband 1
ISBN: 978-3-98809-002-7

Themenband 2
ISBN: 978-3-98809-004-1

Themenband 3
ISBN: 978-3-98809-009-6

Themenband 4
ISBN: 978-3-98809-023-2

Themenband 5
ISBN: 978-3-98809-025-6

Themenband 6
ISBN: 978-3-98809-042-3

**Theresa Sperling, zweifache
deutschsprachige Meisterin
und Europameisterin im Poetry
Slam,** präsentiert in ihrem ersten
Sammelband alle 33 lyrischen
Slamtexte aus 2014–2024. Jeder ihrer Texte hat ein eigenes Vorwort
zur Entstehungsgeschichte sowie
Anmerkungen zu Performance
und Wirkung des Stücks.

Sezierung
Aus gegebenem Anlass
ISBN: 978-3-98809-015-7
16,00 EUR (D)

**Ein Sammelband aus dem
Affenhaus namens „Leben"**
Irgendwann ab Anfang 30 ver-
schwimmt diese magische Grenze
zwischen angeborener Unzurech-
nungsfähigkeit und beginnender
Midlifecrisis. Man wird weiser,
jedoch nichts, wirklich gar nichts
im Leben wird einfacher.
Marcel Ifland war Veteran
aus 11 Jahren Internetsatire bei
Stupidedia.org und aus hunderten
Abenden auf Kleinkunstbühnen.

Makaken und andere Katastrophen
40 Texte für 40 Lebensplagen
ISBN: 978-3-98809-011-9
16,00 EUR (D)

Unser gesamtes Programm:
www.dichterwettstreit-deluxe.de/shop